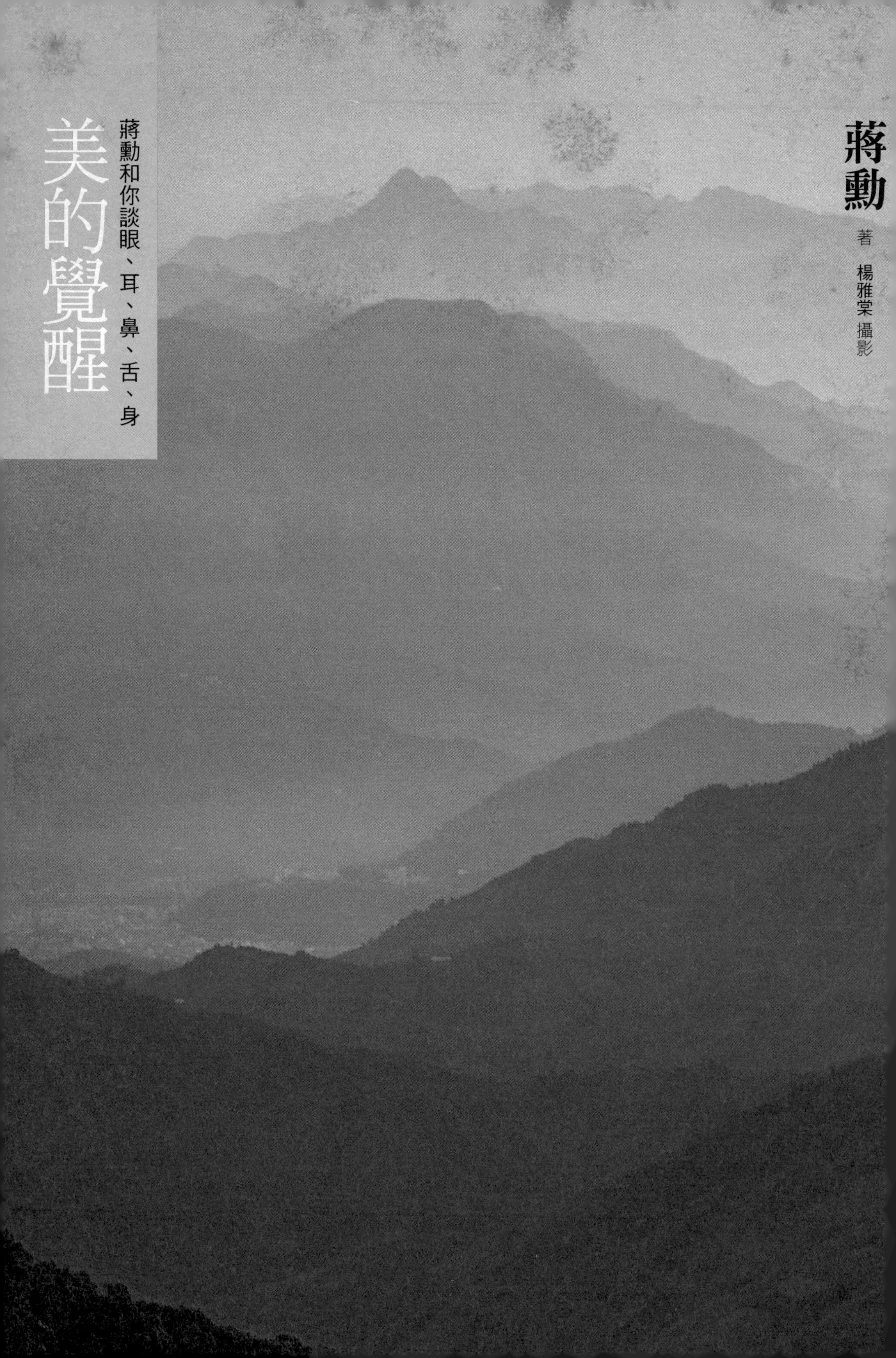

美的覺醒

蔣勳和你談眼、耳、鼻、舌、身

蔣勳 著

楊雅棠 攝影

目錄

視覺之美

觸覺之美

身心中的五感平衡

美：無所不在

序言

廣播是一個有趣的工作。
我坐在播音室裡，一個人，聽到自己的聲音在安靜的空氣裡震盪。
我很享受這樣的感覺，我很珍惜這樣孤獨的時刻。
完全孤獨地與自己的相處。
聲音像潮汐，一波一波，或輕或重，或低沉或飛揚，在空氣裡蕩漾。
我好像「看」得見我的聲音，是一種波浪的起伏迴旋。
我「看」著我的聲音，像潮汐漲退，包圍著我自己。
聲音變成一種安靜的獨白。
也許，有人認為聲音是用來與他人溝通的工具，可是在播音室裡，我覺得聲音首先是自己與自己的獨白。
沒有充足的獨白，「溝通」也許只是虛假的來往。
我們有太多「call in」「call out」，但是，我們缺乏與自己聲音的對話。
沒有聽到自己聲音的迴盪，沒有真實的獨白，太多「call in」「call out」，人其實是最寂寞而空虛的。
我聽到了自己的聲音，我「看」到了自己的聲音。

—好像月光下粼粼的水的波紋，一圈一圈，緩緩在空氣中盪開。

—我想用線條勾繪下這舒緩的波紋，像孟克（E.Munch）在「吶喊」畫裡記錄下聲音的波浪。

—但是聲音的波不只是線條，聲音像一種光，在空氣裡飄飛。

—聲音像一種煙，比風還輕的煙，我想用手去承接這煙的重量，一縷一縷，一絲一絲，

—我閉著眼睛，感覺煙從指隙間流過，如此柔軟，如此細緻。

—聲音可以用手去觸摸嗎？

—我不經意聽到電視裡一個政客的叫囂，忽然覺得胸口被尖銳的玻璃刺傷，一陣劇痛。

—聲音可以是母親的手，如此溫暖寬厚；聲音也可以是最銳利的狼牙，殘酷噬咬人最柔軟的心靈。

—聲音或許是一種修行！

—我嘗試把自己的聲音修行成一朵花。

—這朵花要開在眾人走過的路邊，有人看到，停下來，看到花的美麗，覺得生命如此珍貴。

—有人蹲下來，仔細看，用手輕輕觸碰，感覺花在風裡的微微顫慄。

—有人走過，嗅聞到一陣淡淡的香，他四下尋找，沒有發現什麼，但是他開心微笑，
因為那看不見的淡淡的香隨他一路走去。

—有人聽到過花在靜靜清晨綻放的聲音嗎？

—像母親親吻嬰兒的「啵」的一聲！

—美的覺醒，其實只是使你「看到」「聽到」「嗅到」「觸摸到」「品味到」生命美好的存在。

——有多久你的腳掌沒有感覺泥土與青草的柔軟了？
——有多久你不曾聽到鳥的鳴叫啼囀？
——有多久你沒有感覺到春天空氣裡初放的花的清香？
——有多久你看不見暗夜裡天上明亮的星辰？
——有多久你不曾在口中回味母親小火煎赤鯮的香？
——有多久你遺忘了愛人靜靜擁抱的溫暖？
——有多久你想不起來某一個人身上遺忘不了的氣味？
——有多久你不相信你的手握住另一隻手是多麼重要的安慰？
——有多久你不曾在沐浴時按摩自己疲倦的肩膀？
——愛自己與愛他人都是一種覺醒！
——「美的覺醒」是重新「看到」「聽到」「嗅到」「觸摸到」「品味到」，是自身的覺醒，也是眾人的覺醒！

謝謝豫馨，他從東海聽課，十年來有緣整理我的聲音成文字，與眾人分享。

蔣勳

二〇〇六年十一月三日　八里

記之不忘

尋索美，感覺美

有沒有可能——「美」是說不清楚的？
好比我聽到一首樂曲，我可能內心激動、熱淚盈眶、
我心裡最深層什麼部分好像被觸動了……
可是我說不出來，也描繪不清楚。

說不清楚的美？

我們生活裡常常有機會用到一個字，就是「美」。

「美」是什麼？

在用到這個字的時候，有時候我們用來形容大自然的風景；有時候形容一個人所呈現出來的表情、姿態，或者五官。或是聽到一首樂曲、看到一張畫、讀到一首詩，我們也會用到「美」這個字。如果靜下來稍微想一想，在生活裡使用到「美」這個字的機會，似乎並不是很少。

「美」究竟是什麼？

雖然在生活裡常常用到這個字，可是也許並沒有認真去思考：究竟什麼是「美」？我在從事「美」的教育工作或介紹美術作品時，會感覺到，「美」常常停留在一種感覺的狀態。所謂的「感覺」是說：

我感受到了！

好比我聽到了一首樂曲，我可能內心激動，我可能熱淚盈眶，那樣的音樂好像觸動了我心裡最深層的什麼部分，可是我說不出來，也描繪不清楚。

有沒有可能——「美」是說不清楚的？

讀到一篇小說、讀完一首詩，我們彷彿被文字或者文學裡某一種非常深刻的東西觸動了生命裡面的一種情懷，心裡覺得激動，可是也往往說不清楚。在現實生活裡，大家習慣用理性的方式思考，慣於將許多事物分析解釋得合理又合乎邏輯——可是「美」竟然說不清楚。

平常擅用理性思考的朋友，這時大概會感覺到有一點不耐煩吧！任何事情不管再複雜，好像都可以透過理性來思考，轉化成清晰簡單的邏輯。可是當多年浸淫「美的領域」的我，試圖跟這些朋友談談這個問題時，會感覺到一種……沮喪吧！我怎麼沒辦法說得清楚！

我剛剛從這個島嶼的東部回來，在那邊跟一些年輕的朋友露營。夜晚走到海邊，有人忽然抬頭指著滿天的繁星，天上星辰多到所有的人都驚叫起來。這些星星原來就存在著，不知道是不是因為在都市裡住久了，光害非常嚴重，我們已經無法在黑暗裡去感受天空星辰的美麗！

任何沒有燈的地方，就覺得失去了安全感。

在那樣一個海邊的夜晚，浪濤聲遠遠傳來，天空的繁星密麻如織，所有人的驚叫，其實是一種無法言語、心理層面的感動。有多久了？我們沒有機會抬頭，面對一個充滿繁星、夏天夜晚的天空？

年輕的朋友指指點點，比劃著某一個區塊，猜想是不是銀河？銀河，其實是一群特別密聚的星團所構成的一種光。因為我們把所有手電筒都熄滅了，在那個營區裡，在沒有光的地方，你才感覺到天空上的光是這麼複雜，每一顆星辰的閃爍都辨認得出來。稍微有一點天文學知識、懂得星象的朋友，開始指認哪一個是英仙座，談到英仙座名稱的來源，於是提到古代希臘神話裡英雄仙女的一些故事。還有朋友說，銀河兩側最亮的地方，就可以尋找到牽牛星跟織女星。

燈光趕走星辰

幾千年來，甚至比幾千年來更長久更長久，這個天空曾經給人類許許多多神話故事的記憶。可是曾幾何時，因為在都市裡住久了，我們的燈光趕走了星辰。

我們的燈光趕走了星辰。

我想這樣的一句話，也許會讓我們忽然生出警惕：人類創造了文明，也許自豪於發明出電燈；城市的燦亮繁華，好像已經驕傲自大到覺得足可取代天空的繁星。

可是，為什麼當有一天，我們在夏天的夜晚看到天空繁星的時候，卻感覺到一種莫名的辛酸。也許長久以來，人們在大自然的包圍中，懂得了大自然的美，可是我們所有的文明、我們的城市，卻好像鑄造了圍牆，把自然的美隔離在外面，所以「美」才是講不清楚的。

有沒有可能在某一個夜晚、在沒有燈光的地方，我們帶著孩子去看天空的繁星，讓他驚叫出來。

接著，在這樣一個驚叫的經驗之後，開始跟他談：美。

美學的來源

現代學科裡，設有一個學科被稱為「美學」。依照我的瞭解，現在大學裡可能會設立「美學」這門課程的，首先是哲學系；第二是美術系、或者跟藝術相關的某些科系；新聞或者傳播的科系裡，也有設美學課程的例子。事實上，不同科系所教授的美學課程，內容約略不同。

美學在哲學的系統裡是蠻重要的一環，因為美是一種判斷，美是研究我們生命裡面所有複雜感覺的一個學科。對於學美術學藝術的朋友來講，不論畫畫、作曲、演奏樂器、寫詩等，都很可能牽涉到審美觀，所以美學課有其必要。至於在大眾傳播或者新聞科系裡上美學課，當然是覺得傳播這個學科，負有對大眾教育的責任，所以也試圖把審美觀放進去。

我自己在大學裡開過美學課程，也剛好曾跨足哲學系、大眾傳播系、及美術系三個不同的領域，當時自己備課時，也感覺到面對不同的科系談「美」這個字的時候，會有一些不同的傾向和態度。

整理我們的感覺

「美學」這個名詞，其實是透過日文翻譯出來的漢字。

大概在十八世紀左右，德國哲學界有一個系統，希望能夠整理人類身體裡所有面對感覺的一種學問。因為，感覺如果一直停留在一種曖昧不清、不夠邏輯、不夠理性的狀態，就無法被納入科學。所以當時德國的哲學界，希望能夠針對「感覺」作一些研究、探討。例如最早開創美學的人物波卡頓（Alexander Baumgarten，1714-1762），以及後來知名度很高的康德（Immanuel Kant，1724-1804）等，都在哲學的領域裡做過很多「什麼是感覺」的探討。

這個學科原來的德文源自拉丁語系，稱作Esthetica，直接翻譯過來的意義應該是「感覺學」，也就是說把一種科學整理出來，用來研究我們的視覺、聽覺、味覺、嗅覺及觸覺到底是什麼，這樣的一門學科我們叫做「感覺學」。這門學科傳到日本以後，日本人翻譯成漢字，就定名為「美學」。

為什麼用「美」來替代「感覺」？

因為，不論是聽音樂、看繪畫，都是在動用我們的感官。看到一張畫覺得很美，是因為視覺上喜歡這張畫裡的色彩、線條，或者造型。由此可以大概瞭解到「美」，是我們感覺裡被人類判斷認為是舒服的、美好的，這樣的感覺我們把它保留了下來。美學所研究的範圍不只是藝術，當然也包含了在大自然當中，我們可能看到的美和醜。

例如談到所謂音樂，是說這些聲音找到了和諧、找到了秩序，我們的聽覺系統接收到時，感覺到有一種情緒上的安靜、祥和、舒暢，這個時候我們稱它為音樂，因為它是美好的聲音。可是如果我們走在街頭，聽到一些高音貝的聲音、吵架的聲音、一些衝突、沒有秩序的聲音，我們就說它是噪音，所以噪音就是不美好的、還沒有找到秩序的聲音。

我們就瞭解到，美學的研究，是希望能夠經由科學的方法，對人類的感覺、感官做非常細密的研究，也希望經過這樣細密的研究以後，人類能夠多瞭解自己的感覺世界、自己的感官世界。這樣一來，感覺，不只是停留在一種有一點神秘、有一點直覺的曖昧狀態，就像我前面提到，看到滿天繁星那種身體上的感受使你熱淚盈眶，可是你卻說不出來、說不清楚自己的感覺。

我想德國人希望在哲學裡面找到一個非常理性的思考過程，能夠把這種說不清楚的東西稍微整理出秩序，那麼這樣的學科，也就成為現在大學裡所說的「美學」這個字一個最早的來源。

美學的難題

美學實在還是一門年輕的學問，不過才發展幾百年的歷史。而美學，是不是真的幫助我們把感覺學整理出來？把我們的感覺，整理得清清楚楚了？我想，當然還是一個非常大的難題。

我自己有一個經驗。

在大學裡教授美學課程頗有些時日，我已界定了教學內容，希望一位大學生修習美學學分時，受到基本的訓練，像波卡頓、黑格爾（Georg Wilhelm Friedrich Hegel，1770-1831）、康德這些人的理論都會涵括進去。有趣的事情發生了：當我在課堂上講述這些可能聽起來蠻理性、甚至有一點枯燥無味的美學內容時，就在教室的窗外，有一大片的繁花盛放著。

我發現學生沒有辦法專心聽我講課，他們常常轉頭過去，貪看外面從空中一朵一朵緩緩飄落下來的花朵。那時我矛盾極了，我是不是應該將沉醉中的學生叫醒，說：

「你不要看外面的落花，你應該聽我講美學。」

美學是一種分析、是一種理性，可是我相信這些學生此刻分心了，因為他的視覺陶醉在觀賞春天那一大片盛放的花朵。他們在花裡，究竟看到了什麼？春天盛放的花朵中，有哪些部分比我所談及的美學更吸引他們呢？我想，這也許就是美學的矛盾所在吧！

知識不等同感受

美學系統希望經由理性、科學的方法，把美當成可以分析、可以解剖的學問，希望美不要停留在感覺狀態，只是一種朦朧的、心情上的陶醉。可是我們提到：美本身是一種感覺，一旦開始嚴格理性地分析這個感覺時，是不是已經破壞到美的本身了？

一個在春天無法專心上課，被窗外盛放繁花吸引過去的年輕人，他在看花的時候，是不是從一朵一朵盛放的花朵裡，感覺到他自己也是一個青春綻放的生命？他所感動到的東西究竟是什麼？這可是一個在教美學的老師——我——有能力去理解分析的？到目前為止，我都還得不到確切的答案。

我是不是應該打擾他，告訴他說：「你可不可以專心聽我講美學？」還是，我應該鼓勵他，去沉醉在他自己的視覺與花的直接對話裡？

比知識還高

當我們帶著孩子去觀賞一朵花的綻放時，可能教導他很多植物的知識，例如說這朵花叫做紫薇、它是紫色的、每一個花蒂有六個像星星一樣的尖角，每一個尖角會有一片紫色的花瓣伸展出來；它幾月會開花，在植物學裡的分類是什麼什麼。

當我們這樣跟孩子談話的時候，其實是在傳遞和分析知識，在植物學上為這朵花作科學的定位。也許我的意思是說，我們從來沒有想過：只要去翻開植物辭典或花卉辭典，就能尋著相關的知識；可是當一個孩子在還沒有受到很多知識跟教育之前，就會看一朵花看到發呆的狀態，我相信當時那種發呆的狀態，的確是屬於美學的，它並不是知識。

美並不是一種知識，美可能是比知識還要高，一種心靈上的感受。

只是也許近代為了讓教育變成可供證明的東西，我們不得不加以分析整理，演變成可以傳達的知識。朋友們能夠瞭解我的矛盾了吧！事實上，美學並不等於美；美的學問並不等於美的本身，美的知識也並不等於美的本身。我用再多的分析、再多的論證、再多的邏輯，都無法感受到夏夜的那一天，你猛然看到滿天繁星時心情上的激動跟複雜的變化。

我一直相信美學有它存在的理由，它的理性、它的分析，可以使美變成一個被研究的學科。可是我們也應該認清：

美有限制，美學有限制，美學無法真正取代美的本身。

別為美打分數

在長時期教授美學課程的過程裡，我自己有很多的反省和調整，也得到許多領悟。過去在課堂上放一首樂曲，譬如說貝多芬第九號交響曲，我們會研究這是什麼樣的交響曲，裡面包含了多少樂曲，最後的合唱是何種對位法，貝多芬在哪一年完成，他跟浪漫主義音樂之間的關係……師生之間查索很多很多的資料，將貝多芬第九號交響曲所有相關的知識都搜尋齊了。當美學考試時，有些學生可以得到高分，甚至接近滿分，他們能夠融合所有相關知識，作出詳盡的解答。

可是還是會有奇特的狀況發生。有一位學生在考卷上並沒有寫下太多答案，得到的分數較低。

可是我記得非常非常清楚，當我在課堂裡放出這首樂曲最後一個樂章，當所有人聲的合唱達到一個豐富狀態的時候，那位學生一言不發地坐著，淚水從他的眼睛裡流出來，滿臉都是淚水，他一點也不害怕別人看到他這個時候在音樂裡面得到了感動。

我不知道為什麼他無法在自己的考卷上寫出這種感動，他也無法回答。我的意思是說，美學課堂上，有一個能考到九十分的學生，可是我不能確定他在美的感受上，是不是拿得到同樣的高分？而美學課堂上，也有一個人可能只考了六十分，甚至更低的分數，可是我記得：他曾經在音樂裡熱淚盈眶。或許他的美學分數並不高，可是他在美的感受上，卻是一個高分的學生。

也許，美，根本無法被打分數。

在我們的生命裡充滿了必須被打分數、排名次的邏輯與分析，可是只有美這個領域，也許是使我們逃開了現實世界裡所有的排名次跟打分數吧！我還是覺得，我希望有一天帶很多的青年朋友在夏天的夜晚，到海邊看滿天的繁星；或者在春天，去看滿山盛放的花朵……。

那個時候，我們都不要為美打分數吧！

解脫知識的負擔

在長期從事美的工作教育裡，其實慢慢才開始知道美的工作如此艱難。美的工作如此艱難的原因，其實不在於我們要把美變成非常繁複的知識，不斷讓每一個成長的孩子、青年人身上去記憶許多音樂知識、美術知識、文學知識，在他們已經非常沉重的教育負擔裡再多加些負擔。有時候我很大膽地在想：「美，可不可能是一種負擔的解脫？」

如果這個學生、這個青年人在他生命成長的過程中，在每一個專業的學科裡，都要負擔這麼沉重的知識的壓力；美，有沒有可能幫助拿掉壓力，使他們在美的世界當中，感覺到生命本元的一種熱情、生命本元的一種渴望和追尋？

抬頭看到夏天夜晚滿天的繁星，其實是不需要負擔什麼的，我們在那個時刻，如果感覺到生命好像飛揚起來的一種快樂，是因為沉重的東西已經被拿掉了。

在音樂裡，我們不是聽過「乘著歌聲的翅膀」這麼美麗的句子嗎？如果能乘著歌聲的翅膀，如果美好的歌聲、美好的音樂，像鳥的翅膀一樣帶著我們飛翔起來，那我相信美不是給人壓力的，美也不應該只是一種沉重的負擔和知識，美反而是一種知識的解脫。

採用這種方式來思考美，很可能在今天的學院裡，會被認為與主流系統背道而馳。如果帶著學生到繁花盛放的草地上去看花的飄落、帶學生到夏天夜晚去看滿天的繁星，這種美的教育，最後會不會使得嚴格的美學知識，反而受到了傷害？作為教授美學的老師，我當然會有這樣的矛盾。只是我不知道像美學這樣年輕的學科，是否還不足夠涵括人類對美的所有認識和瞭解。

莊子的哲思

我有時候在東方一些哲學裡讀到對美的一些看法、一些類似於非常抒情的一種表白，反而給我很大的感動。譬如說，我一直非常喜歡的一位東方哲學家——莊子，他在《莊子・知北遊》裡曾經說過：「天地有大美而不言」。

有一天，在莊子的哲學裡讀到這句話，我忽然被感動了，他的意思是說：這麼遼闊的一個世界，這麼遼闊的一個大自然，天下裡面到處都是美——可是這個美是不會講話的，它不會表達，它也不會給你壓力，它也不是知識。

「天地有大美而不言」，我反反覆覆地去思考這一句話，覺得這句話好像給了我很大的鼓勵。兩千年前，一位喜愛大自然的哲學家，他會去聆聽整個山谷裡面風的聲音，他會去觀看水裡面所有魚兒的游動，他會去欣賞所有百花的盛放。這位哲學家感受到了美，留下「天地有大美而不言」這句話。

他並不像近代西方某些哲學家，這麼急著要將「美」變成一種知識或者一種學科；他也不像我在大學裡教授美學時，這麼急著要將美變成可以考試的一種學問或者知識。莊子，第一個關心的是生命本身，他關心一個人有一天站在黑暗夏天的夜晚，還有沒有機會抬頭去看滿天的繁星，還有沒有機會在看到滿天繁星的時候，會從心裡面驚叫出來……。

我的意思是說，如果我們承擔了生命裡太多的壓力，承擔了太多知識的負擔，我們把一切的知識都變成分數、和可以排出一、二、三名名次的一種壓力，那麼有一天，我們的生命會不會悲哀到——即使看著滿天的

繁星，可能連驚叫的狂喜都沒有？

如果生命中，對於在你面前所發生的所有的美，連驚叫的狂喜都沒有，這個生命還會保有豐富的創造力嗎？

我相信莊子所說的「天地有大美而不言」，其中隱含著非常深刻的意義，也許今天，我們可以用比較真實的方法去理解這個意義——他覺得美是比知識更高的。我們看到在莊子的哲學裡，這個哲學家常常跟喜歡辯論的人提到：也許有一種邏輯是比辯論還要高的邏輯，也許有一種分析是比分析還要高的分析，也許有一種理性是比我們平常所說的理性還要高的理性，也許那樣的東西存在於感覺的豐富倉庫裡。

所謂感覺的倉庫是說，我們的視覺可以儲存非常非常多美的記憶。

對於花瓣的色彩，如果你帶你的孩子去看一朵花，你可能會說：「孩子！這朵花是紫色的。」可是我們發現，「紫色」聽起來是一個非常簡單的詞。如果把紅色、藍色調在一起，就是紫色嗎？有興趣的朋友可以試試看，將不同份量的紅色跟藍色配製在一起：多一點紅少一點藍，多一點藍少一點紅，就可以組合成千千萬萬種不同的紫色出來。

事實上，科學家對視網膜的研究結果告訴我們，人類的視覺是所有的動物都趕不上的。一隻家裡豢養的寵物狗，牠的視覺只能感受到一些比較強烈的，譬如紅、黑這些色彩。可是我們的眼睛，我們的視網膜，足足可以分析出兩千種色彩。

所以提到「紫色」，我們只用兩個字去形容，會不會太簡單？我們看到晚霞，從黃昏直到入夜，那個紫色一層一層的變化，色調一直在變動，沒有一位畫家能夠描畫出這麼豐富的色彩。到目前為止，還沒有一位畫家，能把兩千種視網膜上的紫色畫到這麼豐富，所以人類還在繼續地創造。

也許美的意義就在這裡。美，將我們的生命擴大到極其豐富的狀態。

我們先要讓自己的視覺儲存這樣的記憶，有一天你在你的生命當中，才

可以將這樣的儲存拿出來用。如果我們的視覺裡面只有一種單一的、非常僵死的紫色，就無法擴大成兩千種豐富的色彩。

不再粗糙

不妨給你的朋友們一個美的功課，去思考看看。譬如說，一朵花是白色的，可是，白是什麼?白是一種顏色。如果大家仔細觀察花朵的白，如果你家裡有種過花，你注意一下所有白色的花，白的色調並不一致。

含笑的白看過嗎?玉蘭花的白、茉莉的白、七里香的白，其實我現在只提到四種白顏色的花；或者再加第五種——百合的白，如果將這五種白色的花放在一起，各自所顯出的白色是完全不一樣的。於是我們因此發現，一些比較細膩的文學家已經開始用象牙白、甜白、米白、月白……各種方式去形容這白的豐富，我們的美是從這裡開始的。

我們的美使我們不再粗糙；我們的美，使我們的生命不斷地有更多更多的細節。

味覺之

生命的滋味裡，
有過受寵的甜美、失敗時嫉妒的辛酸、
有過勞苦當中一種像流汗一樣的鹹味、有過非常
巨大的、失敗挫折裡的痛苦。
所謂的五味雜陳，它是一個這麼豐富的生命的記憶。

在談到感覺系統時，我要特別指出古老漢字當中存在的「美」這個字。

《說文解字》分析「美」，說「羊大為美」。藉著「羊大為美」這種吃羊肉在味覺上的感受，我們找到了一個重要的系統——就是「味覺」跟「品味」之間的關係。

「品」這個字由三個口組成，的確是味覺上的一種反應；我想很多朋友也都知道，「品」還可以代表其他的意義。譬如在中國六朝時代，文學評論家鍾嶸寫了《詩品》，將詩作比較排列開來，評比陶淵明的詩為什麼好、某些人的詩境界為何更高、哪些詩作層級較低……於是採用「九品」來分等級，粗分成上品、中品、下品；上品當中再分上上品、上中品、上下品，三品細分起來成為九品。所以我們可以看到「品」這個字，代表著一種境界、一種分類、一種選擇，也代表著一種秩序。

可是我們一直懷疑的是，為什麼要用「品」這個字？這個屬於味覺相關的字，怎麼會用來形容詩的好壞？

同樣地，我們看到在東晉這段時期，有一位美學理論家謝赫，曾經寫過一本書叫《畫品》，很顯然地，他也將繪畫美術之等級，用「品」來分高下。文學，可以用「品」來分類；繪畫，也用以用「品」來分類。

在現實環境當中，人們還說：「這個人非常有人品。」「人品」這個詞，當然是道德上的分類，描述此人做人溫和善良，不會為非作歹。我們發現「品」在此處，並不是說某人吃東西特別講究，而是在道德上人品特別高。還有的形容說法，例如某某人家裡擺設的品味很好、誰誰穿衣服非常有品味等等，都是跟「美」有關的說法。

因此，對「品」這個字、「品味」這個詞與味覺之間的關係，我們就特別有興趣了。

我自己的思考是這樣的：在人類所有的五種感官當中，味覺會不會是萌芽得非常快，與人類文明很早就發生關係的一種感官世界？譬如說東方有一個古老的神話故事，傳說有一位神叫做「神農氏」——當然現在我們都知道他可能不是神，其實只是傳說裡人類一個文明的階段。

那個階段裡，神農氏被形容成是一個人，他在曠野當中走來走去，看到很多植物在生長，他就嘗試著把各種植物都摘下來，不管是葉子、根莖、還是花的部分，都放在嘴巴裡去嘗一嘗，所以我們說「神農嘗百草」。他嘗試以後便進行各式各樣的紀錄，每一種不同的植物味道如何：辛、或者辣、或者甜、或者酸、或者苦、或者鹹，開始進行味覺的排列。

「神農嘗百草」這個故事，不管在神話裡面是不是一個準確的故事，它絕對說明了人類某一個成長的階段。

這個成長階段可能非常地漫長，可能是人類在最初期瞭解這個世界的一種方法，看到任何東西都放到嘴裡去嘗嘗看。有人可能很不幸剛好吃進有毒的植物，不幸死去了，在旁邊的人看到發生這樣不幸的事，會警惕

自己和留下記憶：「這個東西是有毒的，我們不能吃。」所以我相信人類很多的記憶，是從感官蒐集情報的過程裡，慢慢一步一步地累積，最後形成所謂的文明。

口腔期的記憶

不知道朋友們有沒有觀察過，很多幼兒在地上爬行時，常常習慣撿到什麼東西都放到嘴巴裡去。這樣的場面大家應該常見到，一個母親會非常驚惶地把孩子嘴裡的東西掏出來，說：「這個東西不能吃！」

這就說明幼兒會用味覺去嘗試很多的東西，然後形成記憶。也許在他其他的感官還沒有完全高度發展以前，味覺是蠻重要的一部分。當然我們成長為大人、或者已經文明到了一定的階段，就不會隨便把什麼東西都放到嘴裡去咬一咬，好嘗嘗它的味道了。所以其實味覺的這種記憶，味覺的這個感官，好像比較是屬於嬰兒或者兒童時期的感官。

一個長大、成熟的人，下判斷時常常運用視覺，用眼睛去看；運用觸覺，用手去捏一捏；甚至敲一敲，運用到聽覺。

大家都有這樣的經驗：買西瓜時想要知道它甜不甜、好不好吃、可是又不能夠嘗到它的時候，就會用手去拍一拍瓜，去感覺它夠不夠脆，就是用拍出來的聲音來判斷它是不是比較好吃的西瓜。在這時我們會發現，味覺跟其他的感官是不完全相同的。而當有時候無法完全直接用味覺去判斷的時候，人們會用其他的感官來代替。

同樣這也說明了：味覺有可能是人類非常早的一個感官記憶，而且曾經扮演非常重要的角色。在那個「神農嘗百草」的年代，味覺可能是比其他的感官扮演了更重要的角色，這個時候回顧「羊大為美」這個詞語，我們是從吃羊肉裡面感覺到味覺上一個快樂的記憶，引發出最後人類對美的判斷，也許我們就會發現兩者中間是有一個必然的邏輯。

我希望用這樣的方法，一步一步慢慢帶領大家一起進入一個非常豐富的感覺世界——其實也就是，美的世界。

羊大為美？

古老的東方對「美」這個字，曾經有過比較深刻的思考，可是因為古老的文字在紀錄的時候非常地精簡，對於現代人來說，造成了一些理解上的困難。

譬如說美好的「美」，我們每個人都會寫這個漢字。《說文解字》這本書在精解漢字的定義時，常常使用將一個漢字結構拆開來的方法，點出這個字最早的來源。「羊大為美」，就是《說文解字》中對「美」這個字結構上的分析，和一個很簡短的定義。我們現在寫「美」這個字，也許不太會想到它上面是一個「羊」字，下面是一個「大」字。「羊大為美」，究竟是什麼意思？

《說文解字》解釋得這麼簡潔，使後人產生了很多的疑惑，也造成許多猜測。

近代因為美學的發展比較蓬勃，所以大家對文字學上「美」這個字的來源，也產生探討的興趣。日本一些漢學家就曾針對《說文解字》裡「羊大為美」這個字，提出一個蠻讓大家驚訝的看法，認為漢字裡面「美」這個字，是古老的人類從吃羊肉時味覺上所得到的一個感受、一種讚美，最後產生了「羊大為美」。這種說法目前在學術上當然產生了一定的影響力，可是有些地區研究中國美學或是漢字美學的學者，也並不完全贊成這種說法。

我們現在講到美，會說大自然很美、某一個人很美、覺得聽音樂很美、看畫很美，我們覺得這種美，跟吃羊肉的經驗是不太一樣的。所以有人覺得「羊大為美」，從吃羊肉是一個美好的感覺，來做為美的起源，層次似乎有點太低了。吃羊肉的感覺，是比較低等的動物感官，好像跟聽音樂等等屬於精神層次的美的感受，是不太一樣的，所以我們在這裡碰到了一個矛盾。

美與「感官」有所連結

我嘗試過跟關心這個問題的朋友們談一談。也許有時候我們在生活裡碰到對立的雙方，由於各有自己的看法，所以形成所謂的對立。而對立常常造成辯論，辯論常常變成各持己見，然後誰也不肯放棄自己的看法，有時候雙方就愈走愈遠。

我有一個習慣，是覺得「美」常常是一種和諧，不是「對」或「錯」，常常是在兩種相反對立面看到基本共同的東西。所以我也習慣用這樣的方法，將前面所提到看起來有一點對立的兩派學說，嘗試去做融合，或者成為彼此相輔相成的看法。

譬如我在想，「羊大為美」這個從《說文解字》得來的說法，如果確定是指：早期的人類吃羊肉，覺得羊很大羊很肥美，所以品嘗時感覺到味覺上的一種快樂，於是產生了「美」這個字。那麼說明一點有趣的事情就是：美是跟「感官」有關的。

什麼叫感官？不知道一般朋友有沒有習慣去分析自己的感官？

例如，視覺是一種感官——眼睛——透過眼睛所看到的這個視覺，是一種感官。透過我們的耳朵聽到聲音，它是一個聽覺的感官；透過鼻子我們聞到不同的氣味，這個是嗅覺——嗅覺感官；當然還有剛才提過的味覺：經由口腔、舌頭、味蕾，我們嘗出各種的味道，這是味覺的感官；第五種，是遍佈皮膚內外所有對冷熱寒暖的感覺，甚至是痛——所謂的觸覺，都是一種感官。

一般來說，五種感官是一起在活躍著的。而且，不只人類擁有五種感官，在動物的世界，五種感官也都是牠們蒐集外在所有訊息的五個通道。當某一個感官受傷的時候，我們會認為外在訊息的通道產生了障礙，所以會說成視障、聽障等等。

現在一般提到的美，大家都承認它跟「感覺」有關。

前面也曾經提過，美學課程在德國的原名是Esthetica，其實是指感覺學——研究感覺的學問。我們發現大部分對感覺學的研究，之所以在美學領域裡面探討最多，是因為這些感覺跟音樂、美術、藝術有關，所以動用到的感官通常是眼睛或者耳朵。

音樂，是用耳朵聽；看畫，是用眼睛看；可是接下來，有沒有一種藝術叫做嗅覺的藝術呢？我們的鼻子其實會聞到各種不同的氣味，有些人的嗅覺甚至敏銳到非常細膩的地步。有人嗅聞到某一種香水，就可以辨認出裡面加入了薰衣草或者迷迭香、或者又加入麝香等，嗅覺上的敏感幾乎像天才一樣，可是為什麼我們很少聽到嗅覺藝術？

所以也許現今關心到「羊大為美」這個名稱的來源，是不是真地跟人類的某一個感官有很大的關係——就是味覺。我們有沒有機會對自己非常敏感的味覺，做多一點的分析與整理呢？

我相信很多朋友都很講究食物，在自己的料理當中，可以品嘗出非常豐富之味覺上的差異性。東方的食物也常常講究色香味俱全，味覺其實在其中佔有很大的部分；甚至所有的食物跟飲食料理，我們最後都要通過味覺來感受。

可是味覺究竟要帶給我們什麼？味覺可不可能是一種美的感受？

當我們有機會去分析味覺的時候，大概會忽然想到一件有趣的事是：為什麼在漢字當中談到跟「美」有關的字，常常會用到「品味」這個詞？我們說這個人穿衣服非常有品味……這個人家裡家具擺設非常有品味……這個人聽音樂的時候品味極高……我們在品味裡發現「品」和「味」，的確都跟味覺有關，那麼味覺的重要性究竟在哪裡？

五種味覺反應

每一天，無論是飲、食，都會跟味覺發生關係，當然在我們的生活裡扮演了一定的角色。

通常人們也覺得，味覺只是吃東西時口腔跟外在食物發生關係的一種記憶，不會特別去在意。可是我倒很想跟大家一起思考看看，味覺值不值得我們去做進一步地瞭解、進一步地領悟？

像把一點食物放進口腔時，我用自己的脣、齒、舌頭、口腔的各個部位去感覺這個食物，我會有一個味覺上的反應。味覺的反應分成哪幾種呢？過去常常有人提到五味，例如五味雜陳、五味俱全，這五味是指酸、甜、苦、辣、鹹，我想這是很容易理解的過程。

看到別人吃水果，有時你會問：「酸不酸？」這時候是用味覺上的某一個部分在判斷水果的味道是甜還是酸。像醋是酸的，我們可以指出一大串各種不同的酸味食物。

甜，經常是指糖果，在水果裡也有所謂的果糖，也會帶來甜的反應。

苦，例如苦瓜。很多兒童不愛吃苦瓜，我自己小時候也對苦瓜很排斥，可是不知道為什麼到某一個年齡時，開始覺得苦瓜很好吃了。所以我們發現味覺很有趣，它不但是一種判斷，甚至還會跟著自己人生的經驗、記憶，跟著自己的生命不斷地成長，變化。

還有辣，當然第一個會想到「辣椒」這種食物，也是一種味覺上的反應。有所謂的麻跟辣，麻又是另外一種味覺，很多人都非常地喜愛。對

甘藷酥
SWEET POTATO CHIPS
甘藷酥
甘藷酥
SWEET POTATO
甘藷酥
POTATO CHIPS

有些怕辣的人來說，實在不太能夠理解，怎麼會有人愛辣愛到那種程度。

酸、甜、苦、辣、還有一種鹹，當然第一個我們想到鹽，海水蒸發了以後剩下來的結晶，我們稱之為鹽，放在口中帶來的反應，被稱為鹹。

這五種感官大家應該非常熟悉也非常瞭解。接下來我想跟朋友們提到的是，有沒有發現我們在使用酸、甜、苦、辣、鹹這些味覺形容詞的時候，有時不一定是指食物，不一定在指味覺。

物理意義與精神意義

我聽到有一個朋友，最近可能生活並不很如意，譬如說他參加了比賽，最後不幸失敗，於是看到別人成功他就有一點難過，故意講話去刺激成功的人，其他朋友聽到以後，就說：

「他最近講話好酸喔！」

不知道大家有沒有聽過這樣的例子，如果我們說：「這個人好酸啊！」這時候不是指他身上有醋的味道，而是他個性裡面有一種帶著一點嫉妒、帶著一點對別人成功不舒服的諷刺，這個叫做「酸」。所以我們發現酸不只是味覺，同時也是我們精神上的一種狀態。

再用甜來舉例。甜這個字，不只是形容糖而已，我們常會說：「這個人好甜，講話這麼甜！」這個時候當然不是說他嘴巴上有蜂蜜或者有糖，而是他講話讓人舒服、懂得讚美別人、讓別人覺得快樂，這也是「甜」。在不同的文字裡，也常常用sweet這個字來形容人的甜美。當在說這個人好sweet時，有時不一定是指他講話很sweet、長得好sweet、或者他對人很甜，而是說他生命的一種情懷，是讓人比較舒服的。

另外像「甜心」這個字，也是現在日常生活中常常用到的詞語。

所以我們發現在所有的味覺世界裡，有一個層次屬於物理存在的狀況，例如醋是酸的，糖是甜的；可是有一個部分卻跟醋、糖無關，原本形容味覺的這些字，已經升高成為精神上的形容詞了。

「苦」這個字，我相信大家常常聽到。有時會說：「最近心裡好苦……」我們聽到這個字的時候，會知道不是在談味覺，不是指「吃了藥很苦」的那種「苦」，而是心裡面有一種難以承擔的重量，精神狀態難以忍受，叫做苦。

在大街小巷也常看到一行字：「凡勞苦擔重擔的人到我這裡來，我必叫你們安息。」這個時候我們知道「苦」並不是在講味覺，是精神狀態上承擔了太多自己難以承擔的重量，於是產生「苦」這種感覺。

我們也會說自己有很要好的朋友，可以向他「訴苦」。「苦」在這裡是心裡面的很多狀態，當然也不是實質上的味覺。

「火辣」的生命狀態

「潑辣」是大家常聽到、常用到的一個詞，甚至會直接說一位女性很潑

辣，或者稱其為「辣妹」。這時不是說她像辣椒一樣，我們會發現：辣有一點是熱情，像火一樣燃燒的感覺，是有熱度的，有刺激性的，我們稱為辣。所以我們看到辣在這裡也不是味覺，而是生命裡的一種狀態。好像是說，她不收斂，她不節制，她把感官很直接了當的潑灑出來。

我們還會這樣形容一個人：「這個人脾氣很辣，你要小心一點！」也不是在講味覺的了。

《聖經》裡常常會用鹽來舉例子，像：「如果鹽失去了鹹味，應該稱它為鹽嗎？」有時候我們會覺得「鹽」比較代表勞苦，也代表一種窮困的感覺，似乎常常會跟「勞動」結合在一起。

台灣有一個地方稱為「鹽分地帶」，原來是指產鹽的地區。但是談到「鹽分地帶文學」時，代表的意義不僅僅是產鹽地區，而代表著特別對某一個層次、某一個階層人民生活的描繪，被稱做鹽分地帶的文學。

於是我們發現，味覺的酸、甜、苦、辣、鹹，都產生了心靈或者精神上的不同意義，也從物理上的存在，升高成為一個感覺的、或者美學世界的層次。

品酒師的考驗

在和大家談到味覺的時刻，我慢慢地體會到：味覺其實是非常豐富的領域，平時我們不太注意，或者其實太忽視它們了，只是簡單區分成酸、甜、苦、辣、鹹所謂五味。剛才也提過：酸、甜、苦、辣、鹹，其實有時候會被提升成為精神上的領域，代表著心靈上的一種狀態。

大家有沒有發現，現在一般的食物料理裡，很少呈現單一的味覺。我們吃到糖醋魚，其實動用到甜味跟酸味；如果甜跟酸混合一起而在生命裡產生的感受，就跟純粹的甜、純粹的酸不完全一樣。

「辛辣」也是常被提到的詞。辛跟辣，是不完全相同的。或者麻辣，麻跟辣，也不完全相同。

有時我們會在苦味當中加一點點的甜，譬如竹筍，其實帶著一點點的苦味，可是經過了前面苦味的感受以後，可以感覺到苦味之後的甘甜，那種甜跟單純的甜又不一樣。

人類的味覺發展愈來愈複雜，人類的味覺是會隨著文明愈來愈豐富的。好像愈古老、在文化上愈豐富的文明，它的味覺愈是會豐富到不是單一的、太過速食的單純。

我所說的單純，是說我們都會發現孩子很喜歡吃糖，因為也許對他們來說，生命的經驗還只能知道甜的好處、甜蜜的好處；在那樣的年齡，也許受不了一點點的酸、一點點的苦，都會排斥出去。就像很多兒童都不喜歡吃苦瓜，不喜歡苦味的東西，可是很奇怪的，隨著生命的成長，我們會開始接納「苦」這個重要的味覺。苦，畢竟是生命經驗當中不可或缺的一部分。

人生亦是如此

會喝酒、懂得品酒的朋友，會特別選擇歐洲某一個牌子、某一個年份、或某一個地區的酒類來品味。我在法國讀書時，有次看到一場比賽，有人將一位有經驗的品酒師雙眼用布蒙起來，將一點葡萄酒倒在試酒的小杯子裡。

品酒師搖一搖試酒杯，用鼻子聞一聞，啜飲一些後，用他的舌尖慢慢地去感覺酒。然後你會發現他沉思了很久，他的感覺是在沉思裡才發生的。

他的動作停了下來，這時蒙住眼睛的布還沒有拿掉，他開始說：

「這是用某一年種在某一個地區的葡萄釀造的酒，已經放了多少年，葡萄是種在向陽還是背陽的山坡……」

他娓娓道來，我記得當時聽到的時候不禁嘆為觀止，因為他說的每一句話全部是對的，非常準確！也許，我們已經不敢相信我們的味覺擁有這麼豐富的記憶，也許我們已經不敢相信，我們的味覺能有這麼準確的判斷。這位被當成奇才異能的品酒師，他的能力是天生的嗎？還是經過後天的訓練？他如何使得自己的味覺，能夠純粹到這麼高的準確度？

這是我在美學的世界裡非常感興趣的一件事情。

我走向前去跟他聊天，他告訴我豐富味覺的體驗：剛剛開始飲入時，會有各種豐富的味覺在口腔裡變化。這時必須知道舌頭的不同部位所嘗到、感受到的味覺不一樣；例如舌尖可能品嘗到甜味，兩側感覺到酸味，舌根部分苦味，然後會發現到酸、苦、或者澀各種的味覺跟質感，在口腔內發生極其複雜的變化。那位品酒師最後嘆了一口氣，跟我說：

「其實人生何嘗不是如此！」

我不知道為什麼，那一剎那我被他打動了。我發現這位品酒師不只在品嘗酒，他在品嘗這麼複雜的生命的滋味。生命的滋味裡，有過受寵的甜美，有過失敗時嫉妒的辛酸，有過勞苦當中一種像流汗一樣的鹹味，有過非常巨大的、失敗挫折裡的痛苦。最後也許我們會說，所謂的五味雜陳，是味覺豐富到混雜在一起出現了，我們難以形容它是什麼味道，它是一個這麼豐富的生命的記憶。

開始懂得生命

這位品酒師給我上了一堂課。他教我的，不只是味覺課程，不只是品酒課程，還包括生命應該去成長，如何去儲蓄豐富的記憶。有一天，這些深藏在心裡的記憶一點一點地被喚醒，透過你的舌尖，舌上每一個小小的味蕾，重新釋放出酸、甜、苦、辣、鹹各種味覺複雜度的時候——

你，開始懂得了生命。

在那個時刻，你不太想找人家講話，你覺得任何的語言都說不清楚。

也許你覺得熱淚盈眶，也許你忽然覺得無言以對。

我相信無言以對、熱淚盈眶，都是生命最美好的時刻，因為你開始懂

得：如何去跟自己生命最深處的部分……對話。

遠離動物層次

人類所具有的五種感官，動物也都具備著。人類的味覺可以感受到酸、甜、苦、辣、鹹各種味蕾上的刺激，相信動物們也一樣能品嘗得出來。而且動物在飢餓的時候因為對食物的渴望，會使牠們在味覺上特別的敏銳，有特別強烈的慾望。

人類是不是已經遠遠離開了動物的層次？當我們在味覺上渴望一種味蕾上的刺激，以便去滿足所謂的「口腹之慾」，也就是口腔、腹部因為飢餓而生出來的一種對食物的強大慾望，這可能是味覺最初始時發生的動機吧。可是曾幾何時，人們慢慢遠離了動物的世界，驕傲於自己所創造的文明，會生火創出各種食物，也居住在房子裡。既然人們已離開曠野，生活於比較富足的環境，不再有飢餓感時時逼迫了，那麼我們的味覺，是否應該被提升到另一個狀況呢？

也許在現實生活裡，會不時有一些飲食的行銷活動試圖激發我們的慾望。譬如說，「吃到飽」這類刺激消費的商業行為，只要付出一個價錢，顧客就可以隨意地吃吃喝喝，愛吃多少就拿多少。

飲食行銷活動

很多人都有到吃到飽餐廳用餐的經驗。有些朋友會在吃完飯後覺得划不來，因為他並沒有胃口吃進很多的東西；也有朋友會指責同行的人，認為對方既然沒那麼餓，來這樣的地方吃飯真划不來。仔細深思一下「划不來」這三個字，難道我們想從食物裡得到的，就只是為了吃飽嗎？

我們當然不否認，「吃飽」是人類一個最低等的意圖，吃飽之後才會開始產生其他的需求，不過今天人類的文明其實已經遠遠離開了「要吃飽」這樣的壓力。當然世界上還是有饑荒，還是有饑餓的人，但是如果以大部分人們存在的狀況來說，對食物的飢渴應該沒有到如此強烈的地步。如果現在還在使用「吃到飽」來刺激人類的味覺，其實是有一點把我們拉回到動物的狀態，或者是動物的層次。

當然，像大快朵頤這種大吃大喝的感覺是很過癮的，但若深刻地思考一下，過癮往往只是感官的刺激，不是真正的美感。

雖然我們是通過了感官來感受美，可是如果只是感官的刺激，卻又無法構成美的條件。在一個餐廳裡大吃大喝，可能到最後讓自己的腸胃都受傷了；口腔裡雖充滿了各種的味道，卻沒有辦法感受到任何一杯飲料一份食物的美好，其實這樣可能對自己的感官造成傷害。

吃到飽的文化，會不會反而是一個心靈空虛的文化？

歐洲的法國是一個講究料理的國家，在法文當中常常用 Gourmand 跟 Gourmet 這兩個字來形容兩種不同的人。Gourmand 是指大吃大喝、喜歡吃到飽，把自己用食物塞滿的人。Gourmet 這一類人則是吃得少、吃得精緻，而且非常有品味。這兩種人對味覺感官的追求顯然不同：Gourmand 是饕餮式的味覺，屬於粗魯、接近於動物性的味覺；而 Gourmet 這種追求精緻品味的文化，才會讓我們得到心靈上真正的豐富與滿足。

尤其今天人們已經逐漸遠離了動物的世界，加上經濟的富足，我們其實沒有那麼多飢餓的壓迫——這樣的狀況下，人類的味覺還要停留在大吃大喝，不斷用味覺感官來刺激自我的情況，有可能是一種文明的沉淪吧！

為什麼我在討論五種感官時首先提到味覺，就是因為味覺可能直接影響到我們的文明對待物質的態度！我們將會發現：少，也許才是美的開始；少，才會引起大家的珍惜；少，才能夠感覺到這一點點的東西在我們的口腔裡發生何種的變化。

不論西方的品酒文化或東方的品茶文化，其實都在告訴我們，味覺上的美好並非大吃大喝的狀態，並非一種動物性感官直接的滿足；而是可以一點一滴地提昇味覺，最後融入人生非常複雜的各種經驗和回憶。

清除與塞滿

在非常炎熱的夏天，常常喜歡跟朋友去日本料理店用餐，我覺得日本料理的好處之一，就是少。每一類食物一小份一小份的，似乎就不是以吃飽為目的，而能夠用心去品嘗去感受。

如果點選綜合生魚片，送上桌時會發現盤子旁邊置放著一些用醋泡過、切得很薄的紫紅薑片。有些朋友會詢問薑片的用途是什麼？要配著生魚片一起吃嗎？為什麼會有這樣的味覺搭配？如果同時品味兩種或三種的生魚片，例如鮪魚、旗魚等，我們會發現不同的魚有不同的味道。當吃過一種生魚片，再要吃其他種類生魚片時，日本料理的文化提供給我們一個建議，可以先嘗一點沾了醋的紫薑，因為它有清洗的功能，會將剛才所吃生魚片殘留在口腔中的味覺去除掉。我們的味覺於是回到一種空白，可以重新去感受下一種生魚片的美味。

不知道這樣描述一些細節，朋友們能否瞭解到我們在生活裡，其實可以自己去做很多的檢查。

空白，可能是感受美非常重要的一個開始！

如果我們的生命中塞滿了各種沒有清理過的記憶，就好像容量已經被塞滿的電腦，沒有辦法再放進新檔案了。清除，可能比塞滿更重要。

在人生的記憶當中，我們的感官像視覺、聽覺、味覺，都注意著如何去接受及塞滿，而忘記了清理、清除與遺忘。例如吃到飽的文化，其實就是不斷使我們的感官被接受、被塞滿，最後變成堵塞的狀態。

有時候走在這樣一個繁華的城市裡，深刻感覺到堵塞的痛苦。車道被堵塞了、人際關係被堵塞了、電腦信箱幾天不打開收信可能就塞爆了，回到家見到傳真機收到一長串訊息披掛在那裡……這種堵塞的感覺會不會使我們感覺到，在現代工商業發達之後，人類不斷追求速度的快與數量的多，可是其實我們卻失掉清除的能力，於是也缺乏了容量。

我們的心靈也是如此！如果心靈已經塞滿沒有去清除，其實就無法容納新的感官經驗和新的感受。

在日本料理中，有時會用一個非常美的瓷器襯托著裡面那一點點食物，讓顧客非常珍惜地享用。曾經碰到一位朋友說：「這麼少的食物，為什麼要放在這麼大的一個瓷器當中？」

當時我忽然想到：雖然容器挺大，可以容納更多的食物，可是我們不一定要把它塞滿，可以留多一些的空白。

當城市的車道都被堵塞的時候，我們是多麼的不快樂；當身體裡很多血管被堵塞的時候，我們是會生病的；可是我們往往忽略了自己精神上的管道，如果也塞滿的話，我們可能就無法再跟別人溝通了。

我們可以試著清理乾淨所有的人際關係，使這件事情變得更簡單些。我們可以試著讓很多的人際關係能夠由空白重新開始，那麼我們反而會感謝空白，感謝寬容，感謝這些通暢而沒有阻塞的部分。

所以大家可以嘗試著從自己的味覺當中，拿掉一些太過塞滿的東西，也從自己的心靈裡拿掉一些太過塞滿的東西，使自己回復到空的狀態——那麼我們對生命的感受，是不是會更加彌足珍貴？

味覺

小時候曾經吸吮母親乳汁的口腔
存留著許多說不清的記憶
也許是幸福
也許是飽滿
也許是溫暖
都如此確定的停留在味覺的記憶裡
永遠不會消失

我們的口腔一定還渴望著許多感動
可能是一粒糖在口中融化的甜美
可能是帶酸的青芒果
味蕾上反應著一種清新的酸
一點點失落的憂傷

也許在激情裡渴望火一樣燃燒的辣
使生命帶著刺痛的激昂快感

在劇烈的運動或勞動後
你通體溼透的汗是鹽的鹹味

去品嘗苦瓜的苦
去品味酒裡的苦澀辛辣之後的香
去品味最好的茶在苦味後的回甘

生命的確是五味雜陳
缺了任何一種品味
生命都不完全

有空去品嘗一杯咖啡嗎
閉上眼睛
讓你的口腔告訴你
那咖啡裡多少味覺的細節

〈百合〉

聽覺之美

那在母親腹中的胎兒，最早聽到的聲音究竟是什麼？
是不是母親的心跳？
是不是母親血脈的流動？
母親身體裡許多許多的聲音，透過了聽覺傳導，
成為胎兒接受的一種記憶。

聽覺的感動力量

我在電台主持節目，朋友們透過聽覺，從收音機裡接觸到我的節目。你看不到我、我看不到你、觸摸不到任何物件、嗅聞不出任何味道、味覺也不會發生作用，單純就是聽覺跟聽覺的來往，聽覺跟聽覺的溝通。

我發現在探討感官世界時，有時必須關閉部分的感官，才能凸顯某一個感官的強度。譬如說很多盲人朋友的聽覺非常敏銳，他們的視覺受到了障礙，反而使聽覺的世界特別地敏感，可以利用聽覺去判斷非常多的事物。其實在感官的世界裡，沒有「真正的殘障」這回事，若有任何一個感官受到傷害或產生障礙的話，人們自然就會用另外的感官來取代。

美國有位很有名的殘障朋友，就是海倫‧凱勒。她又瞎又聾又啞，就是她的視覺、聽覺、甚至發聲系統，都受到了障礙。可是我在閱讀海倫‧凱勒傳記的時候深感不可思議，因為她可以藉著觸覺——將手靠在一個音響的音箱上——來聆聽貝多芬的交響曲，她提出對交響曲的看法跟感覺，深深地打動了我。

我在聽覺上如此健全，可是也許還無法像她一般，聽到貝多芬豐富的內心世界。

心靈不要殘障

海倫・凱勒的例子讓我們瞭解到，世界上並沒有真正官能的殘障；其實視障的朋友、聽障的朋友，都不算是殘障，真正的殘障，也許是心靈的殘障吧！當我們的心靈無法打開、無法感受任何事物的時候，即使五官健全，所有美好的事物也無法進到我們的世界了。

我相信在人類的五種感官當中，聽覺是較早萌芽的感官。從事美術工作的我一直使用視覺比較多，但我感覺到視覺的感動力量，有時候沒有聽覺來得強。比如說，透過眼睛觀賞一張畫時，我們心情的激動程度，往往比不上以耳朵聆聽一首樂曲。

我相信很多朋友一定會有同樣地感受，就是我們在看畫的過程裡，通過視覺得到的經驗是圖像，屬於比較理性跟安靜的過程。可是在聽音樂的時候，我們會覺得熱血沸騰、熱淚盈眶，整個心跳跟呼吸的速度，都跟著樂曲的節奏、旋律的高低、起伏、音量的大小等，發生各種的變化；所以我想音樂對於人心情上的影響力，可能比其他的感官還要強大。

胎兒從聽覺感知外界

聽覺，會不會是人類五種感官發展的過程當中，較早萌芽的一個感官？

譬如說一位母親懷孕，胎兒在她的腹中，可能已經有聽的能力，所以我們都聽過一個名詞，叫「胎教」，而會建議懷孕的婦人，多聽聽一些美好、安靜、祥和的音樂，據說對胎兒的整體發展很有益處。孩子還沒有誕生之前，已經在母親肚子裡透過聽覺受到身教，這個例子讓我們感覺到，聽覺之所以在今天扮演這麼重要的角色，是因為它的確可能是人類第一個「打開」的感官。

一個逐漸成形的胎兒沒有誕生之前，處在密閉黑暗的母親腹中，他已經可以透過聽覺去感知外面的世界，也判斷外面的世界。這樣說起來，聽覺可能更跟人們心靈上的震動，有非常直接的關係。我常常在想，那在母親腹中的胎兒，最早聽到的聲音究竟是什麼？

是不是母親的心跳？是不是母親血脈的流動？

母親身體裡許多許多的聲音，透過了聽覺傳導，成為胎兒接受的一種記憶。所以通過一個完全純粹的聽覺，我們會進入一個非常非常完美的心靈世界。

大家不妨試試看，不管是去音樂會、或在家裡利用音響聽音樂時，你會發現聽著聽著，陶醉到閉起了眼睛。這種閉起眼睛的行為，是我們不想被視覺干擾，希望可以純粹運用聽覺，達到心靈跟聲音之間一種對話的關係。也由於這些例子，我們發現：聽覺的藝術、聽覺的美，已在人類身上存留有非常漫長的經驗了。

觸覺是人類感官的一種，原始人類以手觸摸石頭、玉石等，有一天他們可能很自然地敲擊石頭，發出聲音來。大家都知道，中國有一個非常古老的樂器叫做「磬」，這個字的寫法，上端為「聲」的上半部，下面是「石」，整個字的意思是「石頭的聲音」。

原始人類發現大小不同的石頭會發出不同的聲音，於是創造出第一個樂器。如果有機會到海邊去，你可以選擇一些大大小小石頭排列在一起，找一個物件敲打看看。你會發現不同大小、厚薄、甚至不同形狀的石頭，發出來的聲音竟然都不一樣。然後在這些各自不同的聲音當中，慢慢可以找到音階的變化，高高低低、起起伏伏，最後就變成悠揚的音樂了。

也許當年人類在曠野當中，還沒有今天這麼多進步的樂器之前，他們已經發現：大自然當中充滿了音樂的可能性。

之前提到的磬，是中國非常古老的樂器。石器時代的人們，將一些平常用來砍樹的石斧，大大小小掛起來敲擊，就變成最早的磬。一般通常稱為編磬，就是把磬按照大小排列，懸掛在一個木頭架上，按照不同的音階敲打出聲音來。

之後人類進入金屬時代。古代所謂的「金」，並非現在所說的「黃金」，而是青銅，當時的人懂得以青銅鑄造出另外一種樂器，叫做鐘，於是中國開始有金屬的樂器了。

中國的「八音」

中國古代對音樂的探討非常有趣，我們沒有發展出大、小提琴或鋼琴這類樂器，而認為音樂稱做「八音」，就是金、石、絲、竹、匏、土、革、木。我來慢慢解釋一下。

所謂八音，是依照樂器製作使用材質之不同來區分。金是金屬的樂器；石是石頭的樂器；絲就是採用絲弦的樂器，用今天的術語來講，指的是

弦樂器。古代以蠶絲為弦，現在當然可能用鋼弦或其他的金屬弦，例如吉他或小提琴上的弦線。至於竹，是將竹子截取一段，中間鑿一些孔洞，隨著吹氣及按壓指孔，就可以發出音階來，所以屬於管樂器。藉著對金、石、絲、竹的說明，我們明瞭古人發現宇宙之間各種存在的物質，都可以發出聲音來。

西方的小提琴、東方的胡琴都屬於絃樂器，演奏這類樂器的朋友都知道，右手會拿著一把弓摩擦琴弦，才能奏出曲調。大家也許沒有發現，弦樂器演奏用的弓，就是弓箭的弓。古代人類運用巧思，將一段竹子彎曲，繃住一根弦，成為射箭的武器，也是打獵的工具。

也許沒有事的時候，有人拿兩把弓在一起拉來拉去摩擦出聲音，發現弓竟然可以在弦的觸碰跟摩擦裡有這麼多聲音的變化，於是開始記憶這些音調，編出很多悠揚的樂曲。一把弓就這樣從武器、工具、變成了樂器。

其實很多樂器原本是其他的器具，慢慢地因為它們發聲的功能被找到，

就演變成樂器了。有時候我看到一些小朋友，喝完可樂後把玩著空瓶子，湊興就將嘴唇對著瓶口吹出各種聲音來，其實這是人類最早發現樂器的過程之一。

樂器無所不在

孩子在現實生活當中，不見得一定要伴隨非常進步的樂器，生活周遭，樂器無所不在。他們吃完飯，拿著筷子乒乒乓乓地敲擊大碗、小碗的時候，就是在尋找聲音了。所以不妨試試看，有時候帶著孩子到自然當中，讓他們去敲擊石頭，去發現聲音。

敲擊石頭，可算是人類非常古老的記憶。中國最古老的典籍《尚書・舜典》寫著：「……於予擊石拊石，百獸率舞。」「擊石拊石」，就是將石頭彼此敲擊、彼此摩擦發出各種聲音來；「百獸率舞」，則是人們化妝成各種各樣的動物，齊集跳舞。「擊石拊石，百獸率舞。」這可是最古老的歌舞紀錄了。

笙由瓠瓜蘆葦製成

八音的後四種是：匏、土、革、木。匏是什麼？其實就是指我們常吃的瓠瓜。瓠瓜或者葫蘆瓜曬乾之後，利用中空部分當成共鳴的部位，上面插入幾根蘆葦的管子，就產生中國最早的一種樂器——笙。原來在大自然當中，樂器無所不在。之前走過垂掛著瓠瓜或葫蘆瓜油綠綠藤蔓底下，卻沒有想到它們其實可以變成美麗的樂器。

談到土，讓我們想一下有什麼樂器是土做的？先不論正式的樂器，前面講過孩子會拿著筷子敲擊杯碗，大部分家用的碗盤杯子都是瓷土、陶土燒製而成的。

有一個中國最古老的樂器的確是土做的，叫做壎，在國樂團中還看得到。壎是由陶土做成約桃子大小的中空圓球，其上有幾個小孔，演奏者雙手握著，對著孔洞吹氣，就可以吹出嗚嗚的低沉聲音——那就是土的聲音。

古人狩獵為生，獵物如牛、羊之肉吃完了以後，剩下了骨頭，剩下了皮。有人將這些獸皮曬乾後綁在木桶上，再用剩下的獸骨去敲打，發出咚咚的聲響。革，便是由此製成樂器，現在我們稱這種樂器為鼓。

發展到現代，鼓有各種不同的形式。日本鬼太鼓非常龐大；軍樂隊或鼓號樂隊裡配備了大小鼓等；甚至看到很多年輕人組成的band當中，有各種新式、花俏的鼓。鼓最早的來源，就是把動物的皮革曬乾以後，綁在一個中空、通常是木製桶狀的東西上，利用那個共鳴的部位來震動發出聲音。鼓可以說是樂器裡非常重要的一種，因為它常常是節奏的控制者，所以它也被當成一種兵器。古代打仗時，「擊鼓」代表進攻，擊鐃代表退兵。鐃是另外一種樂器。古代的軍隊，便是利用發聲的樂器來控制行進跟停止。

談到木頭，鋼琴、提琴等很多種樂器都跟木頭有關，而且還需要講究木頭的材質。我想懂提琴的朋友們都知道，製琴前，木頭的選擇是一件高難度的事情，用木頭製琴，也是高難度的技術。我在歐洲認識幾位製作提琴非常有名的朋友，在我眼中看來，他們的製琴本領，簡直可類比於

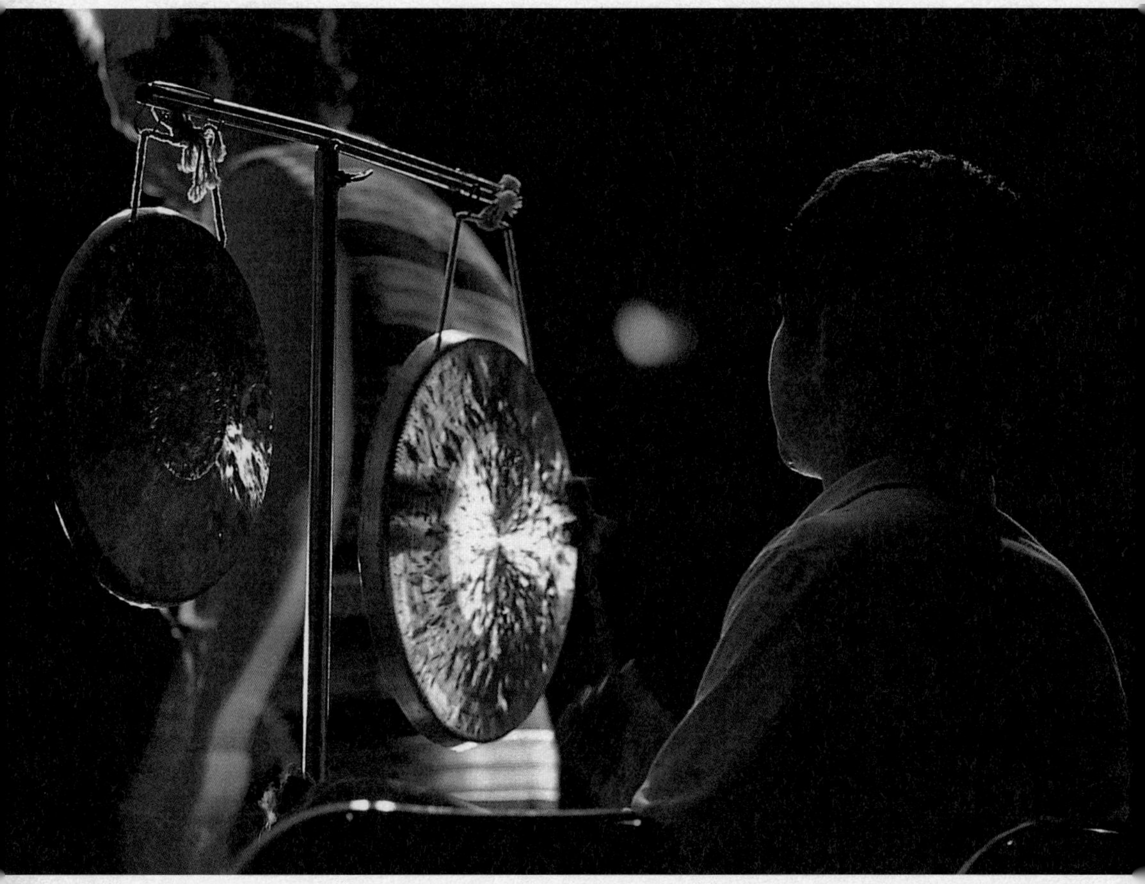

高科技，是高度手工的精密技術。

焦尾琴的故事

中國古代有一個焦尾琴的故事，讓我來講給大家聽聽。

古琴，是中國的樂器之一。它的構造，是在一塊木頭上面綳住七根弦，以手指撚弄彈奏。製作古琴必須選擇非常好的木頭，梧桐木最為適合，可是一般人並沒有挑選這種木頭的難得本領。

家裡有鋼琴的朋友一定曉得，鋼琴彈奏一陣子後聲音會開始走音，便得請調音師來調校音準。這是非常專業的工作，在歐洲，最專業最精采的調音師，能獲得豐厚的報酬。他們能夠聽到一般人判斷不出的音差，將樂器調到最準確的音階。

在焦尾琴的故事裡，有一位擅於製琴、判斷音律也很敏感的音樂家，他偶然走到野外，忽然聽到很美的聲音，他直覺知道那是一塊製琴的好木頭。原來一些鄉下老百姓們砍倒一棵樹後點火燃燒，音樂家在火光當中，聽到嗶嗶剝剝爆裂的聲音。他想，這根木頭可是製琴的上好材料，趕緊從火堆裡把這塊木頭搶救出來，可是木頭已經被燒焦了一部分。音樂家順利地用這塊木頭製作出古琴來，可是它的尾部已經被燒得焦黑，所以命名為焦尾琴。

這是中國名琴中最有名的一個故事，聽來十分動人。就像伯樂識千里馬，一個上好的發聲材料，如果落在不懂的人手中，就被糟蹋了。還好有美好聽覺的音樂家搶救出焦尾琴，保留在人間作為最美好的樂器。

這個故事也提醒了我們，其實美麗的聲音無所不在，問題是我們怎麼去發現——所以也許發掘聽覺的美，重要的反而不是外在的樂器，和金、石、絲、竹、匏、土、革、木不是那麼緊密相關，而應該是：我們怎麼回頭來整理自己聽覺的敏銳度，也就是對聲音的敏銳度。

有時候不免覺得很沮喪，因為在一個對聲音不講究的環境當中，你會發現到處都是噪音。甚至，我們要在廣場、馬路上，立下一個標誌告訴大家，現在聽到的聲音是多少分貝？

傷害到心靈

分貝，標示著聲音高音的紀錄，當這樣的噪音高揚到一個程度時，會嚴重干擾到我們，造成人們精神上的焦慮跟痛苦。所以很多現代城市都設立分貝表，想提示大家：聲音不可以再這麼繼續地嚴重下去，喇叭到處亂按，製造噪音者不顧及到他人聽覺上的感受性，在聽覺上導致巨大的傷害，到最後真正殘害到的，其實是我們的心靈。

不知道在這樣一個充滿噪音的環境裡長大的孩子們，有一天會不會沒有辦法靜下來聽聲音了，變成非常的躁動、焦慮？有一些從事教育的朋友曾跟我說，現在社會裡，躁動的孩子、還有過動兒，似乎比以前來得多了。我在想，是不是因為大家都無法安靜下來了？

是不是我們周遭太多的噪音，將心靈上原有追求安靜的質素完全湮滅了？我們該如何找回聽覺上的純粹，找回聽覺上的一種美好，也許才是我們追求聽覺之美的最大重點。

身體是最美的樂器

存在於大自然的聲音無所不在。如果有機會閉上眼睛，靜靜地坐下來，你會發現——靜——原就是一種聲音。

我們說安靜、寂靜，好像「靜」是無聲。可是你會發現，當你閉起眼睛來，發現聲音其實是「在」的。

那個非常安靜的聲音，是你心靈裡的聲音。

你會感覺有點奇怪，因為你開始聽到自己呼吸的聲音，你會開始聽到自己心跳的聲音，你發現：自己的身體，原來是一個世界上最美的樂器。那些氣流通過身體裡各個部位的時候，你會感覺到一種溫暖，感覺到一個如此美好，與聲音有關的記憶跟經驗。我從這樣奇特的過程，開始瞭

解到：為什麼在過去儒家的文化，尤其是孔子，會這麼重視音樂的教育。

所有節奏的開端

古代的教育歸類為六種：禮、樂、射、御、書、數。有數學的訓練、有駕馬車的訓練、有射箭這些體能的訓練；還有一種重要的儒家教育，是音樂的訓練。但在音樂的訓練裡，所講究的並非只是樂器彈奏而已。孔子聽聞他的學生彈琴時，會去判斷這個學生對生命的領悟到什麼樣的層次。

有時他覺得學生的琴音當中，還有「殺伐之音」，意思是說琴音中還有很多暴力的聲音，他的心還不夠靜，他對人的善、他對人的包容，領悟還不夠高。孔子可以從聲音裡面，去判斷一個成長的青年生命的狀況。

上面的情況是從樂器為出發點來做判斷，可是有時候，孔子的思考點是另一個方向。

孔子非常喜歡佩玉，孔門子弟身上也都佩戴著玉串。在學生朝著孔子走過來，還沒有靠近到他的時候，孔子會從弟子走路時玉佩互相碰撞出來的聲音，去判斷這位學生是不是夠安靜——就是他走路是不是雍容大度？玉佩碰撞的聲音是否有節奏？如果不是，就顯示出他是焦慮跟混亂的。於是我們發現，原來所謂的樂教——音樂的教育——並不只是訓練學生去做音樂家。

聲音是所有節奏的開始，學生在自己身體控制上產生節奏的秩序以後，生命才會從容，才會不慌張，才會不焦慮。

音樂與噪音的差別

我常常問朋友們，什麼叫做音樂？什麼叫做噪音？這兩者其實都是聲音呀！

音樂，是我們非常喜歡聽到的聲音，聽了之後覺得整個身體跟它有了對話、有了呼應的關係。可是噪音，聽了以後會不舒服，讓人坐立難安。

我們發現，這兩者都是聲音，唯一的差別是，音樂是一個找到秩序的聲音，噪音是沒有找到秩序的聲音。

所以秩序本身是節奏、是韻律，是一種聲音跟聲音之間連結的關係。

我們發現所有唱出來的歌聲、朗誦的詩句，都有音律，都有節奏。「關關睢鳩，在河之洲，窈窕淑女，君子好逑。」聽到我唸出《詩經》的詩句，大家不管懂不懂得其中的意思，都會感覺到這首詩是由四個字四個字組成而且互相押韻——這就是節奏，這就是次序。

可是如果我們聽到一個人正在吵架、罵人，他的聲音是混亂的，找不到節奏跟秩序，所以會覺得那是噪音，避之唯恐不及，只想趕快逃開。有時我打開電視，聽不到五分鐘就趕快再關掉，因為我感覺到我的心會被打亂了。

所以真正聽覺的美，是尋找到自己的秩序跟節奏，尋找到自己身體裡面包括心跳、呼吸、脈搏所有的起伏流動，找到了那個秩序；就像「從容」

這一個詞，指的是不慌不忙，你可以讓氣流通過自己的身體，好像身體已經變成一個圓形了。

整頓聲音的美學

喜歡唱歌的朋友都知道，金、石、絲、竹、匏、土、革、木，所有這些樂器都比不上真正人的身體來做為樂器的價值。

我們常常覺得聽到人聲唱歌的時候，那種美的感動……有一點像在貝多芬第九交響曲的最後，你會發現人的聲音代替了所有樂器的聲音，因為人的聲音好像是神的聲音，好像是上帝創造的聲音，這個「樂器」不是被人創造，而是被神創造的。當聽到、感覺到那個聲音是從身體深處發出來的時候，是不是如同中國一句成語：「肺腑之言」，從肺腑裡面發出來的聲音，才是最動人的樂器。

我常常會覺得，可以為社會負起一個責任，就是讓我們從早到晚，所有發出的聲音都是美好的聲音。

那就不只是歌唱了，甚至包括日常的說話。也許電話鈴響起，我拿起電話，對方說：「對不起！我打錯了。」這個時候我可能覺得被打擾，可是怎麼樣讓我的聲音是不生氣、不憤怒、不焦慮的，而回答諸如「謝謝你、沒關係」之類平和的聲音，而讓你感覺到聲音可以讓我們安靜下來。

也許我是有感而發，覺得在我們所處環境的周遭，聲音的美學可能比視覺等其他的美學，還急迫地需要做整頓。

今天我們打開收音機，打開電視，找來找去聽不到美好的聲音，所聽到的卻讓我們覺得慌張焦慮，或者感覺到生命的一種不平衡或是一種不平穩狀態。這個時候，我們的確不只是要去聽音樂會，要去參加很多音樂的活動，更重要的，是回來整頓自己身體裡面的聲音。

潮汐的漲退是有聲音的，我們叫海潮音，是一種美麗的聲音。還有其他美麗的聲音，像風吹過深深竹林，像春天黃鶯鳥在樹林裡面的齊鳴……所有大自然的聲音，其實都是有秩序的聲音。我們應該從這樣的聲音裡

面找回自我。

沉澱噪音，昇華心靈

談到聽覺，希望大家不要認為聽覺指的只是美好的音樂，日常生活中，我們用語言與他人溝通，我們身體一行動就會有聲音出來，這些講話、行動的聲音，其實反而是生活裡最應該要去整頓的，可以形成聽覺之美。我們不要讓這個社會的噪音多過於順耳之音。

不知道大家有沒有感覺到：有時候我們聽到一個人的聲音覺得好美——不論是當面說話或講電話，或者自己的心情有一點低潮沮喪時，你聽到他的聲音就感覺得到很大的安慰，因為那個聲音本身從容不迫、不慌不忙；他可以利用身體發生的這個氣流，讓你感覺到一種安定，一種穩重。

可是相反的，我們也看到一個社會裡充滿著各種叫囂的聲音！那些好像很憤怒，帶著攻擊性，所以發聲的方法全部是尖銳的，聽起來甚至像指甲劃過玻璃一樣的那種……全身會起雞皮疙瘩的感覺。當這樣的聲音充斥太多的時候，我們感覺到這個社會裡人跟人在對話時，都想用聲音來壓倒對方。

可是注意一下，能夠被記憶、被感動、被人的心靈所包容那種真正美好的聲音，都不是叫囂的聲音，不會是像動物受傷時發出的嘶吼，而會是非常安靜的、沉穩的聲音。我一直感覺到在我們所處的社會當中，聲音是我最關心的一個課題，因為我覺得聲音會直接影響到人的情緒。當身處的環境嘈雜、混亂，所有的聲音沒有秩序，都變成了污辱別人的聲音、責罵別人的聲音、打擊別人的聲音的時候，只會讓人感覺到慌亂。

這個時候，我一定要趕快逃掉。我逃到哪裡去？也許我會到山上靜靜地坐下來，去感覺風吹過樹葉的聲音。

平常我們覺得風吹過樹葉，不應該會有聲音，其實有的。像棕櫚樹、芭蕉樹的樹葉很大，風吹來會聽到「嘩嘩嘩」的聲音。樟樹的葉子就小很多，可是風吹時還是會發出聲音——只要我們靜下心來就聽得到。

靜聽松風

南宋有位畫家名叫馬麟，他的父親：馬遠，也是一位名畫家。馬麟有一幅作品陳列在台北的故宮博物院，我從很年輕的時候就對這幅畫很有興趣。

這張畫非常漂亮，叫做「靜聽松風」。馬麟描畫一個穿著柔軟長袍、頭上戴著帽子的人，坐在一棵松樹底下。繪畫屬於視覺，當然我們不可能聽到聲音。

可是很奇怪的，凝視這幅畫一段時間後，你會發現坐在松樹之下的那個人，他的眼睛半張半閉，好像正試圖將視覺轉成聽覺；有點像人們聽到最美好聲音的時候那種陶醉，會將眼睛半閉起來，不看任何的東西。他的帽帶被風吹飄起來，衣袖也飄揚著……連松樹上掛著的一些輕盈藤蔓，也被風吹飄起來。

這是一張透過視覺來表達聽覺感動的畫，它表達出：我們要安靜到一個程度，才能夠聽到風吹過松樹的聲音。

大家知道松樹是寒帶植物，葉子細細的像針一樣，所以被稱作松針。當風吹過松葉時，那個微細的聲音很不容易聽出來，可是這幅畫告訴我們，靜聽松風，一定要到最安靜的狀況，我們才聽得到風跟松的關係，聽到風入松的聲音，這是不得了的一個境界。所以真正聽覺的修養，並不只是外在客觀存在的事實，更重要的，是我們自己心靈上如何能夠把所有的噪音沉澱、再沉澱，最後昇華出屬於很內在、心靈上的聲音。

我忽然想到古代的古琴曲譜中有一首就叫「風入松」，在用古琴彈這首曲子時，表現出的是非常安靜的聲音。還有鋼琴這個字的英文「piano」，原義就是「輕」；剛開始彈奏鋼琴時，大家常覺得在琴鍵上乒乒乓乓地敲打很過癮，不過最高明的演奏者，卻是能夠輕巧控制琴鍵，好像在跟你的心靈對話，那種輕、那種慢，才是彈奏中最難控制的部分。所以我想，不管是東方或者西方，同樣都在尋找心靈裡面最深處的聲音。

很多朋友都十分喜愛音樂，常能從音樂裡得到很多的感動，很多的陶醉。那麼也不妨思考一下，「音樂」，是不是一定是指某一個範圍裡的音樂？還是我們每一天不管打電話、跟朋友說早安、道再見的時候，其實都是「音樂」，都可以對人創造出美好的聽覺。

超越「匠」的層次

想要成為一位出色的音樂演奏家，必須接受許多的訓練。一個最好的鋼琴演奏者、一個最好的大提琴演奏者，可能要從四、五歲就開始接受技巧上的訓練，多年之後才能夠慢慢的成熟。不過，很多人接受過同樣的訓練，最後只能夠停留在所謂「匠」的程度。

最好的音樂家所帶給人們的感動，往往不是技術層面。有時候參加一場音樂會，我們會記得很久很久，會跟朋友一直提說，某一天我聽到某一個人演奏的大提琴，在我心裡面一直迴響不已。

孔子也說：「餘音繞樑，三日不絕。」他聽過一個歌聲可以繞樑三日，那個聲音是迴盪不去的，他認為這樣的聲音已經遠遠超過了匠的技術，而達到心靈的一個狀態。

藝術之所以如此艱深的原因，就是因為藝術家們必須從技術的部分提升到「美」的層次，如果沒有做到，通常就被認為是「匠」。什麼是匠？就是擁有技術的人被技術綁住了，無法真正超越，達到心靈的境界。所以在很多東方的故事當中，提到對樂教的重視、對聽覺之美的重視，並不純然講述音樂的技術，而有其他的啟發涵括在裡面。

聆聽天籟

有一個故事在中國古代音樂界流傳頗廣。一個人拜一位名師學習音樂，老師教導他演奏金、石、絲、竹、匏、土、革、木各種不同的樂器，訓練他各式的演奏技巧。這位學生非常用功，技術也都學得非常好。三年期滿，學生覺得已經學會所有的技術，可以離開師門獨闖天地，到處去開演奏會表演了。

老師反而覺得不急，對學生說：「你再多待一點時間吧，再多學一學。」學生覺得這個老師似乎在阻礙他成名，更是不耐煩了。

有一天這個老師大概也看出了學生的心情，就跟他說：「好吧！我想你既然急著要出師，我就如你所願。可是你出師以前，應該去拜見一下我的老師。」

學生聽了很驚訝：「我跟老師在一起三年了，從來不知道你還有老師。」

這老師就笑了，跟他說：「我當然也有我的老師，我們去拜訪他之後，你就可以出師，自己開演奏會了。」

第二天，這對師徒開始爬山。學生在彎曲的山路上走得很辛苦，汗流浹背，兩腿都痠疼了，心想老師的老師怎麼住在這麼高的山上，真不容易找到。而在爬山的過程裡，老師有時候會停下來，聆聽瀑布的聲音、聆聽瀑布撞擊在石頭上那水的聲音、聆聽瀑布變成潭水迴繞的聲音，聆聽激流的聲音。他也聽到山裡草蟲的叫聲、風吹草動的聲音，各種各樣的聲音。我們會發現一座山裡面，有各類的聲音存在著。可是老師發現徒弟因為心中梗著一個很急迫的目的，只想趕快出師拿到文憑開演奏會，所以他聽不到這些聲音。老師一直提醒著學生：「你聽聽看瀑布的聲音，你聽聽看那草蟲的叫聲……」可是學生都聽不進去，他的心太急了！

在山路上走了好幾天，老師覺得這個學生的心還是靜不下來，他只好說：「好！你坐在這棵樹底下，我現在去向我的老師報告，說你來了，讓他準備一下，你再去拜見他。」之後老師就離開了。

這個學生坐在一棵松樹底下，左等右等，沒有任何人到來，心裡更加焦慮。整座山其實不斷地有聲音出現，可是他什麼都聽不見。等到心慌，他一直在問自己：「老師怎麼還不來？還不來？我是不是被老師騙了？為什麼一個人都沒出現……」

黃昏過去、夜晚降臨、滿天繁星出現，他繼續等下去；天破曉、微微的黎明光線從山頂透出亮光、朝日出現了，然後山裡面各種最細緻的聲音開始變化——然後他聽到了——他從來沒有想到山裡會有這麼豐富的聲音。

他開始很安靜的聽著聽著……他盤膝讓自己靜下來，像打坐一樣地冥想……他閉起眼睛，傾聽所有山裡面的聲音，忽然覺得好大的喜悅，甚至他覺得他能聽到一朵花每一個花瓣慢慢張開的聲音，好像別人從來聽不到的聲音他都聽到了！他感覺到一種水流花放的那種快樂，這個時候，他自己笑出來了。

然後他的老師出現，對他說：

「你終於看到我的老師了！對於一個音樂家、對於一個創作者、對於一個藝術家，我們真正的老師其實就是大自然！這種學習不是技術的學習，而是心靈的學習，只要你能夠在大自然裡，聽到無所不在的聲音。」

這個故事其實也就是最有名的哲學家莊子所說的「天籟」。他說：「人

籟不如地籟，地籟不如天籟。」「籟」指的是一種原始的聲音。莊子認為人的聲音不如大地的聲音，大地的聲音又不如天的聲音。現在大家還常常將優美的歌聲比擬為天籟，我想歌唱者唯有體會到整個宇宙自然跟自己身體合而為一那種感動的時候，才能夠發出所謂的天籟吧。

自我節制

我常會跟朋友們提到自己記憶裡最美的一次音樂會、或記憶中最美的某一種聲音，感覺聲音可以對人有這麼大的安慰作用，是一種包容，一種擔待。

我們在年輕的時候大概都喜歡聽音樂。我個人聽音樂的歷程是這樣的：小時候在廟口，聽鑼鼓喧天的歌仔戲；中學時因為開始學英文，就愛聽西方的搖滾，那個時候貓王的歌最風行，高中時改聽披頭四。年紀再長一點，慢慢開始接觸所謂的古典音樂，開始喜歡華格納、柴可夫斯基。我當兵的時候，尤其喜歡把音響開得很大聲來聽華格納，覺得裡面有一種華麗、驚人的燦爛，好像生命如此年輕，爆裂出許多的光芒。柴可夫斯基或者拉哈曼尼諾夫（Sergei Rachmaninov，1873-1943），則常給我激情跟浪漫，好像生命也可以驚濤駭浪一般。

包容又簡樸的巴哈

而現在的我，常常喜歡聽巴哈了。那個安靜地不得了、年輕時不容易聽得進去、那種像數學一樣的格律、那種好像無聲之美，一種聲音可以節制到沒有什麼變化感覺的巴哈。很多聽音樂的朋友大概都有共同的感覺，覺得巴哈的曲目其實是最簡單的，簡單到讓你覺得它沒有那麼多繁複或者炫耀的部分，但是很奇怪：為什麼簡單的作品變成最耐聽的曲目？如此單純，在任何心境下聆聽都不覺得衝突。我覺得巴哈的作品很像一個容器，曲子本身並不那麼要求表現……。

譬如一個插花的容器，如果本身設計太繁複，其實並不適合做容器。我們經常發現很多人將花插在一個甕當中，因為甕最樸素，愈樸素的花器愈能夠呈現出花朵的美感。巴哈的音樂就類似於樸素的容器，它包容，它簡樸，讓我們覺得在不同的心境、不同的年齡、不同的情緒裡去聆聽時，都可以和自己對話。

所以聽覺的美、音樂的美、或者藝術的美，有時候並不完全是自我的表現，反而是一個自我的節制；就是慢慢壓低自我的表現性，而達到非常純淨的境界。

老子曾說過：「五音令人聾」，所謂五音，就是太多的聲音，反而會讓人的耳朵都聽聾了。老子提醒我們，聲音的美應該要有節制；節制，才是感官的美的開始。

勾動回憶的鑰匙

如果我說，聲音就像一把鑰匙，這樣的形容法不知大家可不可以體會？

有時候，我走過一條街道，忽然聽到某一人家中正放著的音樂，例如是披頭四某一首我高中時聽得很熟的歌曲，但我現在甚至已經忘掉它了。

可是乍聽到曾經熟悉的曲調，曾經朗朗上口的歌詞，我忽然覺得高中時期所有的回憶都湧上心頭。這樣的聲音是不是就像一把鑰匙，幫我打開了時光之門。

所以聲音的記憶是非常奇特的，在生命某一個階段經常聆聽的音樂，好像就和那個階段的事事物物封存在一起。漫長歲月後忽然聽到那些音樂，似乎就把很多的記憶帶回來。相形之下，聽覺比視覺儲存的記憶容量是更多的。所以老朋友們相聚的時候，往往特別挑選以前某些歌曲放出來一起聽著，大家好像重回了往日時光。這樣說來，音樂對於我們心靈內在封鎖事物的開啟，具有非常強烈的效果。如果將記憶比喻成一個一個的檔案櫃，開啟這些檔案櫃的鑰匙，都會是聲音。

音樂與記憶之間的關係的確非常複雜，在生命不同階段陪伴自己的不同聲音，也留在我那層層疊疊記憶檔案櫃裡。不過很特別的，到最後會有一個存留很久、陪伴著我的……也許是像巴哈這樣的聲音吧！因為它非常的安靜，就像大提琴無伴奏協奏曲，幾乎變成我生活裡不能缺少的物件，不管我在做什麼事：寫作、畫畫、與朋友聊天，我覺得那個聲音一直陪伴在旁，從不帶來干擾，卻又包含著擔待和包容。

也許我們可以重新思考聲音在我們生命裡面所扮演的角色。到最後，聲音會不會是一個從聽覺走向心靈的過程？當它走向心靈以後，所有的繁華褪盡，所有的雜質去盡，它反而變成一個非常純淨，非常純粹的終結點。

渴望的象徵

在整理我們聽覺記憶的過程裡，我一直希望能夠將很多愛音樂的朋友，從音樂的世界不斷地擴大到整個自然的領域，比如去聽聽潮水的聲音，去聽潮水滲透在沙地裡面，慢慢一點一點消失的那個聲音。

我住在海河交界的地方，朋友們可以從我的窗口聽到漲潮那種壯觀的聲音，因為海水湧進河口的時候，一波接著一波，潮水的聲音十分清晰。

漲潮與退潮

有些跟我很好的朋友，已經知曉不同季節漲潮的大概時間了，會很調皮地在那個時間點打電話給我，明知故問地說：「現在漲潮對不對？我要聽聽潮水的聲音。」於是我將話筒放在窗台上，朋友們的確可以聽到洶湧澎湃的漲潮聲。

可是，退潮的聲音就無法透過電話傳給朋友了，退潮時非常安靜，潮水一邊退離岸邊，一邊滲透進河灘的泥土跟沙地裡去，聲音非常細微。

通常這時候，不管在畫畫或者是寫作，我都會暫停下來，坐在窗台上看著後退的潮水。你會看到一個很有趣的景象，就是潮線——水面上有一條弧形的線，線的一邊是藍色海水，另一邊是黃色河水，慢慢地慢慢地這根潮線一直退出河面，回到海裡去。潮水退去後河灘地又重新露出來，原本躲在泥洞裡的招潮蟹，也紛紛出現了。那是一種很小的螃蟹，兩個螯一大一小，在退潮時刻就從泥土洞裡爬出來。接著一隻一隻白色的鷺鷥會靜靜降落在河灘地上覓食，招潮蟹剛好就是牠們的食物。

對我來說，退潮的時刻是一個畫面，也是奇特的記憶。

其實原本我以為退潮是安靜無聲的，可是有一天，我忽然覺得聽到了退潮的聲音，就是水在沙地裡慢慢滲透、退走，一種非常非常安靜的聲音。這時我才感覺到所謂的「潮音」，不論漲潮或退潮，那潮水真的是一種聲音，而這個聲音，也竟然會變成你心靈上的聲音。

許多宗教都認同潮音，覺得潮音可以帶來對心靈的啟發。而當聽覺的世界擴展到大自然這個層面的時候，莊子所說「天地有大美而不言」的那個記憶，重新回到我們的心上，我們感覺到：原來聲音的力量如此驚人，它真的無所不在。

結穗之聲

我看過一篇出生於蘭陽平原作家所撰寫的小說，他說自己的父親是一個老農夫，可以聽到稻子在結穗的聲音。第一次讀到時我很驚訝，心想稻

子結穗，怎麼會發出聲音來呢？可是那是一位老農民，他每天最關心的，就是從插秧以後慢慢長大的稻子，所以他才會聽到稻子生長的聲音。

我於是相信：也許我們聽到的，其實是心裡面夢想的聲音！

我們那麼渴望一個辛苦的勞動最後能夠有所收穫、我們那麼渴望這個稻子不會碰到旱災、不會被過多的水淹得腐爛了、不會被蝗蟲吃掉，所以我們心裡日日盼望著稻子成長的夢想，竟然會變成一個心靈裡的聲音。那老農說，他連睡覺的時候，都會聽到稻子在生長的聲音；這個時候你會發現，美好的聲音——竟然是我們自己心裡面的渴望。

老子認為，空才是美，空才能夠容。我們會發現在聲音的世界裡，所有可以發聲的東西，都是因為有中空的共鳴部位，否則就無法發出聲音來。不妨試著去尋找吉他的共鳴部位、小提琴的共鳴部位；還有管樂器中法國號、巴松管它們的共鳴部位，你會發現每一個樂器都有共鳴的部位。

中國古代的「八音」：金、石、絲、竹、匏、土、革、木，這八種物質同樣也是因為中空的部分震動，而產生聲音的頻律。這時你有沒有發現，我們自己的身體，因為也有一個中空的部分，也才能夠發聲。

下次可以注意一下，如果你聽到一個人發出美麗的聲音，那是因為他知道自己身體裡面有空的部分，他也是謙虛的；「虛」這個字，才是發聲的重要部分。相反來說，如果一個人的身體裡面「塞滿」了東西，如果他的身體努力表現的，是要去爆發出咒罵人、污辱人的聲音，那麼我們聽到的絕不會是美好的聲音。

如果希望能夠發出真正「美麗」的聲音，就要先「空」。

聽覺

動物其實聽覺常常比我們敏感
試一試觀察家裡的貓或狗
牠們豎起耳朵驚覺起來
我們可能要慢半拍才聽見聲音
也許是陽台上掉到地上的一件衣服
或許是風吹動窗門
或許輕到一片葉子掉落地上

試試看去分辨不同鳥類鳴叫的聲音
試試看聽草叢裡各種昆蟲的振翅

你有多久沒有聽過海浪擊打岩礁的聲音
你有多久沒有聽過溪流在石隙谿谷的潺潺水聲
多久你沒有分辨河流漲潮與退潮時像人的呼吸的聲音

你或許聽過睡在枕邊的人的鼾聲
粗魯的或平緩的鼾聲
帶著睡夢中的囈語
許多夜晚的聲音如此清晰安靜
你甚至可以聽到院落裡一朵花開放的聲音
如同宋代的人聆聽松葉間吹過的風聲

你訓練自己有敏銳的聽覺
你可以用手指輕彈一個成熟的西瓜
聽到飽含水分的沙瓤甜如蜜的迴響
如同古代人敲響兩枚銀幣
從金屬錚錚的回聲裡判斷銀的成分是否純粹

盤子碗刀叉都有聲音
我們在聲音裡聽到了隱藏的心事
聽到急躁聽到和平
聽到喜悅也聽到憂傷

〈向日葵〉

嗅覺之美

嗅覺不像視覺或味覺，
感受到的東西很具體；
氣味不容易把握住，
很容易在空氣或風中就飄散了，它是
非常不具體的一種存在。
可是因為它不具體，
反而能無所不在。

一種奇特的提醒

人類的五種感官並非完全被分開，其實彼此之間帶有連貫的關係。像談到味覺時，嗅覺也可能同時發生。

例如我們在喝茶的時候，味覺發生了作用，但嗅覺也同樣在運作。在沒喝下茶湯前，茶的香味有很大一部分就已經在嗅覺裡發生了。喝茶的朋友都知道在喝茶的配備中，有一個比較高而窄長的杯子，叫做聞香杯。泡出的茶湯先倒在聞香杯中，接著才倒進飲用的茶杯裡；拿起清空的聞香杯湊近嗅聞一下，便能感覺到茶葉釋放出來的香味。

很明顯地，我們發現喝茶的程序及形式之所以如此建立，必定是因為泡茶所帶來的並非僅僅味覺上的快樂，同時也包含了嗅覺上的快樂。

比視覺強烈

嗅覺的記憶並不容易把握，因為它好像存在於空氣當中，又好像一下子飄散開來。我們發現大自然當中充滿了氣味，自己喜歡或不喜歡的都有。大家都不怎麼喜歡的氣味，可能是發臭的垃圾、排泄物、或一些患病動物身體散發出來的味道。這些氣味似乎會勾起我們久遠以來對於生病、骯髒、腐爛的恐怖回憶，所以通常走過一個地方，忽然聞到一些怪異臭味的刺激時，多半的人會趕緊掩蓋著鼻子快步走開。

嗅覺存在於大自然當中，可以飄散得非常非常的遠，所以我覺得它是一種非常奇特的提醒。其他感官中，味覺及視覺都需要靠得近才能夠觸及，但嗅覺感應的距離卻能拉得遠遠的；我們有時候會覺得遙遠地方傳來了某一種氣息，然後就可以透過嗅覺去感覺它。

我想嗅覺是一個非常敏銳的存在，而且嗅覺發生時我們會不自覺地閉起眼睛，慢慢的、單純的用嗅覺去感覺氣味。像我就發現很多人拿著聞香杯聞茶香的時候，雙眼是閉著的——這就說明嗅覺的記憶並不需要視覺來提醒，它其實比視覺更強烈。

親子間的嗅覺記憶

有時候我覺得嗅覺是人類非常本能的、非常久遠以前的記憶，因為我感覺到自己對母親的許多懷念，好像都停留在嗅覺。當然在視覺上，也有很多與母親相關的記憶與回憶。雖然現在她已過世了，但我腦海中留存了母親的形象，還可以翻看她生前的留影。可是我常常會在看完照片以後，閉起眼睛關掉我的視覺，在我的回憶當中，覺得母親對我來說是一種嗅覺的記憶。

因為小時候吃母奶，好像在還沒有很多理性的記憶以前，我趴伏於母親的胸脯、她給我哺乳的時候，我有好多嗅覺的記憶。這種嗅覺的記憶使我覺得即使走到天涯海角，都有一個讓我安定下來的力量。不知道為什麼，人們在面臨驚慌、災難、恐懼的時候，常會不自覺地叫出：「媽！」母親對我們而言，成為一種保護，一種最本能的保佑力量；好像再滔天的巨大災難，只要躲到母親的懷中就安全了。我相信這個行為與生命中哺乳的記憶有關，甚至動物的世界也可以見到類似的狀況。

所以嗅覺很像是非常私密的感情，私密到你會記得最親近的人他身體的氣味，你知道這個人就在身邊——他不再是一個形體、不再是一種視覺、也可能不是聽覺——可是他的氣味存在著，他是這麼深的記憶。

特別是親子之間，尤其像我剛剛提到母親與孩子的關係。

哺乳的記憶是非常長久的一種記憶，我從這個面向來思考時，常會覺得嗅覺裡存在的人類情感，應該非常值得我們進行更深入的探究，因為嗅覺會是我們心底活動內非常底層的記憶。

只是因為嗅覺不像視覺或味覺，感受到的東西很具體；氣味不容易把握住，很容易在空氣或風中就飄散了，它是非常不具體的一種存在。

可是因為它不具體，反而能無所不在。

它也許是一種領域，是「時間」的領域，也是「空間」的領域。就像現在即使我母親的身體消失了，可是她還停留在我的生命當中，變成我揮之不去的一個纏綿的情感……，我總覺得身邊的母親變成一種氣息了，變成空氣當中無所不在的一種氣味，所以她的肉體還在不在，她的形象還在不在，已經不是最重要的事了。

希望能夠透過嗅覺的感官，與朋友們做更多一點的探討，一起恢復我們記憶當中許許多多……好像遺忘了、可是又沒有完全消失的那種深層的記憶，也許可以由此呼喚起心底好一些美好的嗅覺經驗吧！

重新啟動感官

西方文學中有一本知名度很高的德文小說，作者是徐四金（Patrick Suskind，1949-），書名叫做《香水》（*Parfum*），台灣已翻譯出版了。《香水》描繪一個嗅覺特別敏感的人，之後成為法國一位很有名的香水師。他採集各種不同的花、草、樹木，提煉出它們的香味，做成歐洲皇室貴族非常喜愛，價格高昂的香水。小說當中不斷描述這個主角用嗅覺所感受到的世界，我在閱讀整本小說的過程裡，自己已經關閉許久的嗅覺記憶也被重新開啟了。

好像忽然發現：嗅覺並沒有消失，點點滴滴，像很多很多小小的瓶子，還存留在我生命的記憶當中。我一一打開這些小瓶子上的軟木塞蓋，重新去嗅聞它們，原來所有的記憶都還在！

朋友們也試試看，藉著嗅覺將你記憶的小瓶子一一打開吧！

中國古書中也有與嗅覺相關的描繪。《孔子家語》中說：

與善人居，如入芝蘭之室，久而不聞其香，即與之化矣；與不善人居，如入鮑魚之肆，久而不聞其臭，亦與之化矣。

我純就嗅覺的觀點來做解釋：一個人走進開滿了蘭花的房間，頃刻之間他感覺到花的香味撲面而來，心裡產生很大的激動。可是一段時間後，花香的存在變成理所當然，於是這個人可能慢慢麻木，沒有感覺了。

同樣的，剛走進賣魚市集的人，覺得魚腥味魚臭味難聞得不得了，但待久之後也就習慣了原本很難忍受的味道，並不認為有臭味了。

這種對嗅覺的文字描繪讓我們體認到，不管香味或臭味，當嗅覺的記憶累積久了以後，我們會習慣、會麻木，最後失去了新鮮感——也許所有的感官都是如此。所以感覺的記憶和感覺的經驗，需要經常地比較與替換，於是我們才發現自己是會遺忘的，可以立刻重新啟動。日復一日、每分每秒，感覺經驗都需要去經營；否則任何美好事物存在久了之後，我們就開始麻木而失去感覺。即使面對再美好的事物，最後很可能都是「無感」。

無感，可能是美的最大敵人。

利用嗅覺做判斷

我想特別強調，現今人類的嗅覺，可能跟花的香味有非常密切的關係。特別是在大自然當中，花所傳佈的香味，會透過我們的嗅覺帶來很多很多的判斷。

梔子花、含笑帶一些甜味的香，玉蘭比較淡雅的清香，或者茉莉那種很幽遠的香味，嗅覺敏感的人能夠分辨得非常清楚。當我用文字語言都很難形容出上面各種花朵不同的香味時，相信很多朋友用嗅覺一下子就能判斷出來了，這就說明其實我們的嗅覺有非常敏感的部分，只是也許今天在生活裡不太使用到嗅覺。

我也要特別提到人身上的氣味，可能是嗅覺記憶非常重要的一部分。譬如說母親為孩子哺乳的時候，母親身上的氣味，會成為孩子嗅覺部分的回憶。

至於談到花，花的香味已經變成了現在人們非常眷戀的一種感官上的快樂。

有時我們在家裡插花，不見得只著眼於花的形狀或者顏色的美麗，有一部分也可能是因為嗅覺上的香味帶來的愉悅吧！為什麼花的香味會帶給我們愉快的感覺？也許可以試著來探討看看。

我相信很多朋友在現實生活裡看到花朵，都會有一個共同的反應——覺得花非常的美。

在美的領域當中，有時候每一個個體對於美的感受不一定完全相同。一部電影、一首音樂，有的人喜歡得不得了，有的人完全沒感覺，於是往往會引起爭辯，最後大家甚至說：「情人眼裡出西施」，這句話其實是說明，每一個人在審美時好像是有主觀的，而且不完全相同。

人類共通的喜愛

可是如果我們嘗試要在美的領域當中，找到一個人類非常共通的對象，我想，花也許是一個蠻好的例子。旅行世界各地，我們看到不同文化、不同族群、不同生態、不同地區的人們，對於花，居然都有很深的眷戀之感。

如果到峇里島旅行，會看到當地一種盛產的花，台灣稱其為「雞蛋花」。白色的、五個花瓣，中間花芯部分略帶點黃，散發淡淡的香味。這種花開放時，往往還沒有在枝上凋謝就會掉落地面；所以在峇里島旅行時，常看到當地人習慣撿起這種花，夾在自己的耳邊。或者把花用線穿起來，掛在胸口，變成一種裝飾，不只是女性如此，男性也一樣。甚至當草地上掉滿了雞蛋花，他們就會用香焦葉編成的小綠籃子盛裝起來，拿到佛寺，供養在佛像的面前。

這些舉動讓我們感覺到，人類有一種天生的對於花的珍惜吧！

花似乎代表一個很特殊的涵義，它們是美的、是尊貴的，所以常常會將花跟信仰放在一起。

我記得在《聖經》裡讀過這樣的片段。

有一次耶穌跟他的門徒說：「你們知道所羅門王最富有的時候，所有的財富加起來，其實比不上一朵野地裡的百合花。」這樣的比喻讓我們感覺到，在人類的歷史裡，花一直蘊涵著非常崇高的信仰象徵。為什麼是花呢?為什麼不是其他的物件?是什麼原因讓人們對花有這麼深的情感?

我想帶著朋友們從現實生活裡、從自己身上,來反省這件事情。

花與人的奇特牽連

回顧看看我們的生命,有沒有一個時刻,你曾經買花去送給別人?

或者,你也接受過別人送花?

如果有的話,是在什麼樣的情況你會送花給別人?什麼情況別人會送花給你?

我想我們可以從這些行為裡開始去尋找人與花之間,一個奇特的美學上的議題。譬如說,如果我們知道一個朋友在醫院,她生下一個嬰兒,有一個新的生命誕生了,我相信你會很高興地買一束花去看她,這時,花

朵代表著對新生嬰兒的一種祝福。

我們過生日時，也會有人送花。還有在學業某一階段的結束，如高中或大學畢業的時候，學弟妹及朋友們，也可能會送上花束，好像跟你告別。我們在機場也會發現人與人告別的時候，也會買花來送給對方。這種時候，花的意義就跟嬰兒誕生或生日的祝福，有一點不同了；花成為一個眷戀、或者一種告別上的祝福，但同時也是一種感傷。

還可以繼續分析下去，譬如說婚禮時，習慣用花來布置，用花的盛放來點出兩個人結合的快樂，做為一種祝福。可是非常奇怪地，當我們到醫院去看望別人病痛的時候，花便成了安慰。甚至在喪禮上，人們死亡的時刻，花又代表一種哀悼或者紀念。

我們發現在人類的行為學上，花，代表了從誕生、生日、告別、結婚、生病，直到死亡這麼多重的意義，是什麼原因，使得花在我們的生命裡有這樣重要的代表意義？花可以代表了安慰、鼓勵、支持、祝福……為什麼是花？

大自然如此豐富，怎麼沒有任何物件可以像花有這麼高的代表性？

當我們在美學的議題裡，把這個問題丟給學生的時候，有時候學生會做一些思考，我記得他們曾經告訴我說：「人們喜歡花，因為花的形狀很漂亮……花的顏色很漂亮……花的香味很好聞……。」大概總是在：造型、色彩或者香味這三個方向思考。但是如果反問回來，大自然當中應該還有其他東西是有形狀、有色彩、有香味的，可是為什麼還是無法取代花在人類行為學上的地位？

談到花的形狀，譬如說一朵百合花的形狀；花的顏色，譬如說玫瑰或者是桔梗花，非常鮮豔的紅、紫、或者藍色；甚至花的香味，其實都有目的性的，什麼目的呢？

花朵一旦開放，明顯地是希望能夠在短短時間內，可能三天，可能一個星期，就在那匆促開放的時刻，能夠藉助昆蟲迅速傳佈雄蕊跟雌蕊上的花粉，使得交配完成，生命有擴大與延長的機會，其實這就是開花的目的。

所以一朵百合花在昆蟲鑽進去以後，你會發現它們會被限制在一個有點像喇叭的造型當中，它們的翅膀跟身體的觸鬚，很容易觸碰到雄蕊跟雌蕊上的花粉。同時，昆蟲的視覺並不敏銳，無法像人類一樣準確看見東西，於是很自然地，植物在花朵生態上生成鮮豔的色彩：黃的、紅的、橘色的、藍色的、紫色的，這些豔彩其實是在昭告昆蟲們：

「我在這裡。」

我想人們在很多行為上也會有類似的表現。如果穿上一件鮮豔的衣服，在意識裡我們是很希望別人注意到自己的。

有一些植物的花長成白色，缺乏亮麗的顏色來吸引昆蟲，於是它們發展出另外一種能力來因應，就是香味；它們努力地使香味傳播得更遠，讓昆蟲可以找到自己。所以大自然中，有顏色的花朵常常香味較淡，反觀白色的或顏色較少的花，香味反而比較濃郁。夜來香、茉莉、玉蘭、梔子、含笑這些白色的花，都是明顯的例證。

由此大家應該瞭解到，我們從人類的角度所喜愛之花的造型、花的顏色、花的香味，背後其實隱藏著一個非常使人感動的目的，就是「生存」。並非只是己身要生存，而是希望生命還能夠繼續地延長跟擴大。

具體而微的生命象徵

從最本能的慾望來說，花的綻放是為了傳播花粉，如果在短短的開放時刻內，沒有吸引到昆蟲來完成花粉傳播的工作，這朵花等於是白開了。所以它必須在這麼短的時間裡，使自己的造型也好、顏色也好、香味也好，充分具備可以完成「生存」的這個偉大的目的。

花朵燦爛地開放，之後枯萎、凋零了，我們用「凋謝」來形容花朵開完的過程。不知道朋友有沒有想過，漢字裡形容花開完了以後，稱做「花謝了」。

李後主在〈相見歡〉這闋詞裡寫著：「林花謝了春紅，太匆匆……」，好像人們面對花朵凋謝產生很大的感動；「謝」這個字，其實也就是

「感謝」的「謝」，意思是說，我完成了我自己，我的生命完成了，當我告別人間的時候，其實沒有任何遺憾。

花之生命裡面所具備誕生、綻放、燦爛、交配完成、直到死亡，大家會不會覺得一朵花短短的開放歷程，其實具體而微象徵到自己的一生，從誕生到開放到完成到死亡。

下回當我們帶了一束花去看望在醫院生產的朋友，代表的是對誕生的祝福；或者，我們贈送一束花給即將遠行的人，花於是成為告別時刻的不捨和祝福；也可能我們帶著花去參加婚禮，為一對決定結合的新人祝福；也可能我們帶一束花去病重甚至逝去的朋友之側，於是哀悼的意義自然浮顯而出。

花朵，短短的生命歷程，代表著我們漫長的一生。

有些時候覺得許多美學的理論和知識，不管怎麼分析、怎麼談論，也許真的不如把一個人帶到盛放在春天的花樹底下，讓他在花裡感覺到生命從誕生、綻放、燦爛到凋謝的過程。我相信一個孩子站在花的前面，他會懂得許許多多的生命，如同古老的基督教《聖經》所說的：「所羅門王最富有的時候，所有的財富加起來，其實比不上一朵野地裡的百合花。」

同樣地，我們看到在那古老的印度，釋迦牟尼說法的時候，也曾經拿過一朵落花給大家看，許多人不瞭解那是什麼意思，但其中一位學生叫迦舍的，微笑了。在這個「拈花微笑」故事的最後，釋迦牟尼將這朵花給了迦舍，並說，他一生講過的所有的道理，其實不如這朵花。

我想不管在基督教的《聖經》、或者印度的佛經裡，都是在闡述一朵花所代表著的生命本質上之意義。「這一朵花」代代相傳，也許就是我們真正領悟生命智慧的來源。

大家在學校裡、從書本中，讀到很多很多的知識，可是知識無論如何累積，最後並不見得能夠變成智慧。智慧、知識，這兩者的差別到底是什麼？

在生活裡曾看過書讀得很多、知識豐富的人，可是他未必擁有生命的豁達，可能碰到一些生命的災難時，就過不了難關了。也有在鄉下沒有讀過很多書的人，卻從大自然中領悟到許多生存的道理。他觀察一朵花的綻放，對生命的誕生寄予祝福；花開時刻，他懂得珍惜，花落凋謝，他領悟這是生命的必然……，豁達的心態這時在生命裡產生了智慧。

美，常常是一種智慧，而非知識。

大家一定有這樣的感覺，美一旦變成美學，反而讓我們覺得負擔很大，壓力沉重，好像一定得讀過很多知識，我們才「夠格」聆聽一首音樂、看懂一張圖畫，或是瞭解了一朵花。

我想這是不需要的。我相信在那盛放的春天，大自然裡面存在著許許多多可領悟的道理。現今的社會，會不會就是教育了太多的知識，而缺少了智慧的領悟？

那麼，把孩子帶到花的前面吧！

讓他去面對一朵花從含苞到綻放到凋謝的過程，如此在成長的過程裡，他會慢慢懂得很多的東西——也許可以稱為「悟」吧！

這樣的「懂」不是知識方面的懂，是他的「心裡」懂了。就如同漢字「悟」的寫法，豎心旁加上一個我，我的心裡懂了，我的心裡找到了自己，這才可以稱為智慧。所以有一天在他的生命裡，他將用這般的智慧來對待自己的生命，也對待他人的生命。

稚嫩孩子的「不忍」

有一回在四月天，我到開滿油桐花的山裡去。油桐花盛開之後，會從樹梢飄落在地面上，於是山徑、草地上遍撒著白色的油桐花，如要走過去，就會踩著了它們。我看到一個孩子，大概只有五歲左右，他就忽然跟他的媽媽大叫說：「媽媽，我怎麼辦？我怎麼辦？」他停在那裡左右為難——因為他捨不得踩花。

在旁邊看到這樣的景象，心裡有很大的震動！

一個稚嫩的生命、一個五歲的孩子，對於美，產生這麼單純、這麼本能的一種尊重。這個孩子現在不忍心去踩一朵花，我相信他會帶著這種「不忍」活到很久很久，他會不忍心去傷害任何一個生命，不管是動物、植物，或者人。對照來說，如果在現實生活裡，我們連一朵花都不予珍惜，也許就會變得非常地粗暴，會用語言來污辱別人、傷害別人；也會用行動污辱別人、傷害別人。

雖然現實生活裡，花看起來如此脆弱，沒有力量，但是有沒有可能，花會成為救贖一個社會的重要力量？每回見到各種奇怪、粗暴的人，對他人施出各式殘酷、野蠻動作的時候，我常常會想到花……我會努力地在心裡面重新呼喚起看到花時的一種喜悅跟快樂，讓我由此而安靜下來。

我也會對這些可能暫時找不到生命喜悅、一張張扭曲而粗暴的臉，寄予更大的祝福，希望有一天，他們也可以看到我們所看到的花之美麗。如果能看到了花的美麗，他們其實也就是看到了自己生命綻放的快樂，那麼絕對絕對地，會像那個五歲的孩子一樣，不忍心去踐踏一個美麗的生命。

昭告花兒開放

幾乎無時無刻，大自然當中都會綻放出許許多多的花，尤其台灣這樣一個亞熱帶的島嶼，每一個季節都有各種不同的花種在開放著。我常常會急著打電話給朋友，說這個城市什麼地方的金急雨，也有人稱做阿勃勒的，已經開花了，一串一串，像金黃色的雨滴一樣地垂掛下來，我跟朋友說，有空要去看看金急雨。五月的時候，有幾條街道上全部是大花紫薇，艷紫色開在樹的頂端，就像華麗的冠冕，我也會趕緊打電話告訴朋友，哪幾條街道大花紫薇開了。

去到南部，眼見怒放的鳳凰花像血紅一樣的色彩，好像在最熱最熱的夏天，非要把生命活到最燦爛的狀況，我又迅速向朋友傳達：南部的某一個地區，整片山都紅透了。

不知道自己這種昭告花兒開放的行為，背後存在著什麼樣的心理？

我只是希望在生存的環境裡，對花，更多一點的關心，在花朵開放時，享受更多的喜悅。相信如此一來，大家學到的智慧將會更高，其實也就是一種美的智慧吧！

重新儲存美好記憶

相信很多朋友在自己的生命裡，都會擁有許多和花相關的美好記憶。第一次有一束花送到你面前的時候，不知道你是什麼樣的心情？也許這樣的記憶留在生命裡，永遠會是想起來就引發微笑的一種甜美感覺。

也或者，有一天這位送花人離去了，回憶摻入了感傷，可是我也相信這個感傷裡，還是帶著滿足過的快樂。

所以試試看，在自己的生命裡去將這些記憶找回來，把一些美好的記憶找回來，重新儲存。同時也不要吝嗇——有一天，也拿一朵花到一個人面前，去祝福別人，或者安慰別人。我相信在人的生存裡，其實需要很多很多類似花的祝福和鼓勵的。

談到這裡，又使我想到那一個去過的島嶼：峇里島，那兒應該是花的天堂，熱帶氣候裡到處燦放著各式各樣的花朵。峇里島的男男女女、老老少少，從頭到身都裝飾著各種花朵，我相信不是有人刻意教導出這種舉動。少女們將花用竹籤串起來，編成非常漂亮的花冠戴在頭上。夜晚時候，她們在滿天繁星下點起火把，表演傳統舞蹈。舞蹈中最美的部分，就是她們顫動著頭上的花冠，做出許許多多如花朵在飄揚的美麗動作。

還有一齣舞劇讓我印象非常深刻，是峇里島的傳統故事。

據說峇里島是一個非常和平、非常安靜的島嶼，類似古老傳說裡的桃花

源，像個人間天堂。這個島嶼上沒有發生過戰爭，沒有發生過太大的災難，人們一直在非常快樂的環境裡長大。不過在神話裡，他們幻想出一種災難：有一個非常巨大的惡魔，來到人間破壞一切。房舍、食物都沒有了，流行病到處肆虐，惡魔甚至殘酷地把一個一個孩子，活生生地放在嘴巴裡面就咬死了。

在舞台上，我們看到一個身型非常巨大、動作很誇張的惡魔，戴著面具做出各種凶暴的動作，很多孩子被追得到處亂跑，因為這個惡魔嗜吃兒童。許多村莊為了暫時躲避這種災難，不得已下，只好選出一個可憐的孩子，拿來奉獻給惡魔。這種象徵情況在傳統人類的神話故事裡面並不少見。當民眾面對粗暴的惡勢力，毫無招架能力時，只好用最悲痛的方法、甚至願意犧牲自己的孩子，來避開災難，換取更多人的平安。

整個舞蹈過程顯示巨大的痛苦和壓抑，最後惡魔抓到一個全身戴著花的小孩，正要吃下他——這個孩子不曉得該怎麼辦，因為他這麼柔弱、沒有武器、沒有任何力量可以對抗這個惡魔。

在驚慌、痛苦、哭泣之後，孩子只好用最後一個情急的方法來對抗這個惡魔：他拿下身上裝飾的鮮花，直接丟向惡魔——舞台上讓大家非常驚訝的場面出現了，原來惡魔是怕花的！所以當一朵一朵的花丟向惡魔的時候，牠就像中箭一樣地大叫，然後倒下去，不動了。我觀賞這齣舞蹈時，受到很大的震撼，我相信古老的神話裡，其實是知道花看起來這麼沒有力量，這麼柔弱，似乎無法抵擋邪惡的力量。可是，其實花裡隱藏著對生命最大的祝福。

花，可以用來對抗災難、對抗死亡、對抗終結。

不妥協的梅花

有一種花在中國的美術界特別受歡迎，尤其宋朝以後的很多畫家很喜歡畫它，那就是梅花。

梅花的一個特點是它在冬天才開花，於冰天雪地中展露著姿態，釋放著香味。它被眾人贊賞的最大原因，其實已經不只是花形的美與花香了，而是它能對抗生命裡最艱難最困苦的環境，依然堅持著傳承。

南枝春早圖

宋朝與元朝交替時期一位重要畫家王冕的創作「南枝春早圖」，現收藏於台北的故宮博物院裡。當時因為北方的蒙古族入侵中國，身為漢族的畫家王冕深感亡國之痛，但他覺得仍要在客觀環境極其不好的壓力下，活出自己生命的信仰跟價值，他於是選擇梅花來做藝術的表現。除了繪畫外，王冕還題了一首詩：

和靖門前雪作堆，多年積得滿身苔；
疏華個個團冰玉，羌笛吹他不下來。

從詩中我們很清楚地感受到王冕深沉的痛苦！然而就像那棵梅樹，每一朵花在下雪冰封的外在世界裡依舊燦爛開放；羌笛意喻外族，他們再怎麼壓迫，梅花都不會掉落於地，不會輕易妥協。宋代以後的梅花因此也成為一種象徵，而這個象徵的由來，的確是從梅花開花的特性而產生的。

我也有一個和梅花有關而始終忘懷不掉的記憶。

有一次在冬天登上高山，就在山頂上，我忽然聞到非常香的味道飄散在空氣中。基本上我對花的香味相當敏感，像梔子花、含笑、野薑花這些熱帶夏天花種的香味我都很熟悉，可是山上那個香味非常奇特，我辨別不出來。我詢問一位同行專研植物的朋友：

「這倒底是什麼香味？為什麼這麼冷還飄著雪的高山上，會傳來這樣的味道？」

「只有梅花才有這樣的香味。」他回答。

我有點遲疑：「你確定嗎？」

於是我們開始在山裡尋找，走了很遠很遠，果然發現幾株年老的梅樹，枝頭只開了幾朵小小的花，並非花團錦簇。我不能夠想像剛才聞到的香味，是由距離那麼遙遠的幾朵花散播而來，驚訝非同小可。我請教那位學植物的朋友，梅花的香味怎麼可能傳送得這麼遠？

他不像我那麼激動，告訴我科學上的解答：「你想想看，這麼冷的天氣，蝴蝶蜜蜂都不見了，傳播花粉是件多艱難的事。如果沒有這樣的香味，昆蟲怎麼會找得到。」

這個答案也許解答了梅花香氣的原因，但我更深入地想著，要在這麼惡劣的環境下延長生命、擴大生命，梅花為了要完成這幾乎不可能的任務，所以它努力從生命裡激發出這麼超越的能力，將香味釋放到其他種花都無法達到的狀態。

我站在梅花的前面發呆，我開始覺得所謂的美，其實是因為它呼喚起我們生命非常底層那努力活下來的記憶。

美，其實並不只是一種表面很膚淺的好看而已。所有的美，包括味覺、嗅覺、視覺、聽覺，都是因為它們呼喚起我們心裡非常深的記憶，這些記憶可能使使我們在幾朵疏疏落落的梅花前面，忽然發呆……忽然熱淚盈眶……忽然無言以對……不知道應該講什麼好！

這種花在這樣不適於生存的環境當中努力生存下來，那種認真、那種對抗艱難的能力，使我看到了生命的莊嚴。我開始懂得一千年來一個文化一種美術不間斷繪畫這種花、將它變成象徵的原因。也許現在很多人慢慢忘掉了它的重要性，也有些人將它利用成膚淺的政治符號，可是都不會影響到它純美的本質。

在美學的領域當中我深刻理解了這一種花，但如果不是借助於嗅覺，我可能永遠想不到會在寒天荒山的野地裡，和這幾株老梅相遇。

在盛開的花兒前……

也許大家可以試試看，把我們所提到花的主題，帶領到自己的生活當中來。注意一下，辦公室的周遭，是不是有一個有心的人特別放置了一盆鮮花？回到家裡注意到，也許家裡的一個有心人插了一瓶花？或者，像之前一再提到的，當你困頓、沮喪、或鬱鬱寡歡的時候，是不是有人會關心到你，為你準備那一朵花、或者那一束花？

同時我想也要提醒自己，如何在周遭充滿了各種使我們不快樂的、壓抑的、粗暴的、痛苦的環境裡，將「花」提出來做為一個象徵，使我們相信：

花有比文字更美好的智慧，花有比語言更美好的智慧。

我相信在這樣的時刻，當我跟大家說著所有的花的時候，也許我更大的渴望，是把各位帶到真正盛放的花朵面前。我相信在那個時候，也許我們真的可以不言不語……可是所有的「無言以對」當中，我們的生命會發生極大的感動跟變化。

嗅覺，常常是在大氣當中，整個巨大的空氣裡面所包含的一種氣氛，具有感染人的力量。什麼是感染？就是不知不覺的耳濡目染。我覺得美在感官裡所發生的力量，有時候並不是直接的，所以它不應該是一種知識。我常覺得若是知識太多，譬如說讀書讀得太多讓理性思維發展得太強勢時，我們感覺的世界就會慢慢麻木，甚或消失不見——因為太久沒有運用到感覺思維了。

感覺的教育，應該不只訓練孩子們大腦的思維，也同時要發展他們心靈的感覺，我相信兩者都是教育裡非常重要的部分。可是因為感覺教育無法考試，才會在我們的知識世界中愈來愈式微。

我們很難理解一個不曾脫掉鞋子、打赤腳去感覺沙之柔軟及小草之清新的人，長大以後不論讀進多少書、有多高的政治地位，有多少數不盡的財富，他其實是一個不完全的生命。他心靈裡有一部分應該要被滿足，但卻始終空虛著。

面對一朵花，我們應該擁有的其實是一種領悟的智慧，而不是知識。什麼時候我們才能恍然大悟：不是用來考試的智慧，原來在生命中仍然那麼重要。

常聽到看到這類的孩子，他們是父母眼中的乖寶貝，老師心中的好學生；大人規定要做的事情都會做完，每一次的考試都順利通過，大人都覺得這樣的教育很成功。可是我其實接觸過這樣的孩子，他們私下的心靈寂寞、孤獨、痛苦難以言喻；有的甚至會走上絕望之途，在別人認為他功成名就之後，忽然用極端的方法傷害自己或結束了自己。所以有時候腦部的理性思維是需要強調的發展，可是不要忽略：心靈的是否滿足，也應同時被關注到。我們的教育會不會太偏重了一方，使得不少人的生命處在不平衡的狀態？

靈魂在哪裡？

大家都很熟悉的達文西曾經用非常理性的方法解剖三十具屍體，進行嚴密的科學分析，留下珍貴的解剖學紀錄，一般人因此尊稱他為解剖學之父。

可是我記得他在自己的筆記本裡，留下讓我非常感動的句子：

「所有的屍體都被解剖過了，我卻沒有找到一個東西，就是靈魂。到底靈魂在哪裡？」

這位科學家留下如此發人深省的一句話。

我相信我們的肉體其實不只是一個肉體的組合，還有一個今天的科學仍無法完全證明的心靈狀態，那還在等待被滿足被充滿的心靈狀態。這個心靈需要被什麼樣的東西填滿？在它空虛時又是如何的痛苦或孤獨？也許正是我們應該深刻關心的問題吧！

我覺得美的學習，有時候不是增加，反而是拿掉。

常常在各處旅行，看過一些被裝潢到俗艷不堪的地方，不知道為什麼要在牆壁上掛這麼多的東西？要在燈上弄這麼多的彩色裝飾？到最後覺得自己的視覺已經完全麻木了。我們要知道，美其實是一種單純；美其實是一種素樸；美其實是一種感官的節制，而不是感官的放縱。多，常常不美；少，往往更接近美。因為少，所以留出比較多的心靈空間來容納感受，也因此這樣的感受才可能深厚。

心靈的荒涼

在今天物質愈來愈豐富的時代，我們身邊物質的停留時間愈來愈短，所以我們對那些物質其實沒什麼感覺、沒什麼記憶，最後也沒有感謝了。也許有些朋友跟我一樣經歷過由農業社會進展到工商業社會的歷程，我們當然慶幸經濟上有這樣的發展，可是同時我們又會生出一種遺憾。

記得童年時候家家戶戶的垃圾量不大，在那物質缺乏的年代，很多東西都會被非常珍惜的留下來。數十年後，每一家丟出來的垃圾居然如此之多！

什麼叫做垃圾？對我們沒有用的物質就是垃圾。可是，它們真的已經沒有用處了嗎？還是經由慾望的刺激以後，我們覺得自己要擁有更多更多？我們不斷的擁有，最後手上拿不下了，只好往外丟，這個時刻的丟當然沒有任何的眷戀，沒有任何的不捨，沒有任何的回憶跟感謝。所以也許我們會發現，工商業化之後的社會裡一堆一堆垃圾的出現，構成了人類心靈上的荒涼。這樣的多，記憶來不及留下。

我所擔心的也許不只是物質吧！

一個人如果可以不斷地更新衣服，不斷地追逐新的物質，舊東西就像鞋子衣服一樣隨便丟掉並不吝惜；會不會有一天對待另外一個人時，也是同樣的態度？若是如此，我相信那會是我們心靈痛苦時刻的來臨，因為人際關係也可以透過網路之類很多快速的方法，迅速得到肉體慾望上的追逐跟滿足。

我忽然懷念起在某些年代裡，人們害羞著，一個人追求另外一個人時，可能好幾年了對方都還不一定知道……但那樣一種情感在人心裡存留的份量會是不同的，會更加被珍惜。

人把人當成垃圾——這樣道德上或倫理上的痛苦，不知道人們會不會去反省？

我相信大自然盛放的花裡，還是有許許多多的救贖存在於其間。

在一個城市的繁華裡，好像有這麼多的物質，這麼多樣複雜的人際關係。可是，我看到了更多的寂寞和孤獨，更多繁華背後那難以言說、無法滿足的心靈荒涼。這時我寧願走到山裡去，去看一個春天盛放的花朵，感覺到那些花都變成很大的祝福。

每一年春天一再重來的花朵，它們好像守著最大的信諾，從來不失信，從來不毀約，從來不說謊。在每年差不多的時間裡，將那一片山頭開得燦燦爛爛；好像將一整年的歲月做為一個慢慢成長的過程，然後把生命裡最美好的東西綻放給人間。

我不知道有什麼樣的道德比「花在春天開放」更應該接受讚美？我的意思是說，一個花季的存在其實非常的短暫，可是在花季的背後需要多麼漫長的時間慢慢醞釀、等待陽光的照耀，接受雨水的滋潤，從土壤裡取得各種的養分，最後在高高的梢頭上開放出一朵花，告訴所有的人：「我的生命完成了！」

我覺得這是一個美麗的佈告，可是我們也許一直沒想到，如此佈告的背後，原來隱藏了一種可敬的、生存上的鼓勵和艱難。

生命即將萌芽

儒家文化中，孔子和孟子最喜歡談的一個字就是「仁」，什麼是仁？現在常看到的解釋說「慈悲善良」是仁，「對別人好」是仁。就像將「仁」這個字的結構拆解為一個「人」和一個「二」，可以解讀為「兩個人之間的關係」，所以「善待別人」大概就是仁的本意吧。

可是有一天我忽然想到一個有趣的事情：我們嗑傳統的零食白瓜子黑瓜子時，需要先將瓜子外面的硬殼咬開，才能吃到裡面的瓜子「仁」。那麼「仁」最早的意思，應該是指種子裡面最柔軟要發芽的那個部分，也就是生命萌芽的起點。孔子將「仁」解釋成「生生」，就是生命必須生長，這一個簡單的解答其實就是指生命生長的快樂，可見儒家文化重視的是種子，是「仁」這個字；所以儒家較少談到花朵的燦爛，而是希望我們去觀察那硬殼裡所包含著的一個柔軟、即將發生生命的種子。

如果自己試著來讓種子發芽，譬如吃完西瓜，將吐出的西瓜籽放在一個容器裡，給一些水份給一些光，過沒多久就會看到嫩芽突破了硬殼，開始伸展它的生命。我一直很希望能多帶領年輕的孩子分享這種發芽的喜悅——因為年輕的孩子就像正在發芽的種子，也在努力展開自己的未來。

對種子發芽的觀察，也許是最早的教育裡談到「仁」時的解釋；可是久而久之，我們好像脫離了這個部分，把「仁」變成抽象的哲學概念，變成用來讀書考試的一個知識，它再也不是智慧了。不知道這樣的比喻大

家能不能理解？就是我們在學校讀《論語》，背誦「仁」的解釋大意，考試時能夠清楚回答，還可以寫就洋洋灑灑的作文，可是這個「仁」與我們的生命無關。

也許反而是鄉下的一位農夫，他知道如何培養稻穀發芽，他知道秧苗如何在最嫩綠最健康的時候移到田裡插下，然後靜待它們抽長、茁壯。

我一再談到，我覺得知識並不等於智慧！知識如果回不到生命的本身，生命的快樂與不快樂如果與知識無關的話，那麼知識只會變成負擔，它不會變成使你在生命裡真正喜悅的原因。

因此我想，我們也許可以尋找更多的機會去看花的綻放，去培養種子發芽的過程，讓自己、或者自己下一代的年輕孩子們，再在這樣的智慧裡重新成長一次。成長的過程永遠是動人的，一個孩子的成長過程裡，也許最需要體會的就是這些個部分。

他們會感受到開花時節像是生命裡的青春時期，開始戀愛，開始表達生命想要傳延跟擴大的一個渴望。花朵凋謝之後，也許我們會感傷、會覺得遺憾，可是如果能夠忍住感傷、忍住遺憾，我們注意一下，花朵凋謝之後大都會結成果實。花在傳播完花粉以後，花房的部分慢慢就變成一個果實，所以花的結束剛好是果實的開始。

你會發現果實非常飽滿，非常安靜，因為它有一點像母親在懷胎的感覺，它有一種喜悅，那裡面正孕育著一個新的生命。接著果實又用各種的方法吸引我們去取下它吃下它，吐出的種子又重新回到土地，再度開始一段生命的循環。

我想大自然裡面，就像莊子所說的「天地有大美而不言」，處處都是我們可以領悟的智慧。

嗅覺

閉起眼睛
感覺風裡一點點潮溼的氣味
是春天的氣息
泥土開始溼潤的氣味
植物甦醒的氣味
新綠的嫩葉渴望陽光雨水的氣味
昆蟲在蛹裡期待孵化的氣息
春天的山裡蛹動著生命的氣息
你嗅聞過整個大屯山系硫磺湧動的氣息嗎
好像大地濃烈的憤怒或濃烈的愛
你不一定看到硫磺
你不一定摸到硫磺
你不一定聽到硫磺
但是你覺得空氣裡滿滿都是硫磺的氣息
好像你夾著一塊沾滿芥末的生魚片
還沒有到口中
但是鼻腔裡都是嗆辣辛烈的刺激
那是嗅覺
往往比味覺更早發生的是嗅覺

視覺之美

人們面對著燦爛的夕陽，往往一句話都講不出來，像是在發呆。

因為他們的視覺受到了最豐富的感受，視覺還來不及處理這個豐富的世界，所以語言的取代功能在當下完全失效。

在前一章裡談到花給我們帶來的氣味，是某一種嗅覺上的感受。同時，花的存在是一種形狀，也是一種色彩。

特別是色彩吧！我想我們會喜愛花，除了香味以外，也會被它們的色彩所吸引。紅、藍、黃、紫這種比較強烈或濃重的色彩，是我們基本上容易注意到的顏色，如果再把焦距拉近，很仔細地觀察，會發現每一朵花花瓣的色彩，從含苞到綻放到枯萎，本身是不斷地在變化著。

色彩與光

十九世紀歐洲有一個重要的畫派，就是一般俗稱的「印象派」。這個畫派特別強調色彩與光，認為兩者有很強的關聯，也就是說，如果沒有光，就沒有色彩的存在了。色彩本身變成了一種視網膜上的波，這些波可能有長有短，有各種不同的變化；也由於光的照射，會發生許多繁繁複複的層次出來。

所以對一個美術工作者來講，其實不應該將色彩簡化為紅色、白色等等，我想可能就太含糊了點。舉例來說，各種紅色的花，會有紅色層次上的差別。當我們很粗淺地用「紅色」來指稱：這是一朵紅色的花的時候，有一天你會不滿足於這樣的傳達。譬如說扶桑，它的紅比較淺，帶有粉紅的感覺。而在夏天所盛放的莿桐花，那種紅非常的豔，也較暗較深。從光學來分析，這兩種紅花的波長不同，在我們視網膜上所傳達的感受，也是非常非常的不一樣。而且現在很多科學上的研究也發現到，可能只有人類的視網膜，具備分析各種色系層次上差別的能力。

對於色彩，動物只有一些很直接的反應，像狗的視覺只能感受一些很強烈的紅色，牠們沒有辦法感受光與色彩所發生的複雜變化。

研究美術的人必須攻讀一門學科，稱做色彩學，其間會去探討色彩的冷色與暖色，明度與彩度。先來談冷暖色。色彩為什麼會有冷、暖之分呢？冷與暖，其實是一種觸覺的感受嘛！

你會不會覺得當看到橘紅或紅色這些被稱為暖色系的色彩，自己的情緒似乎高昂起來，產生比較熱烈、熱情的反應；相反地，包含著藍色這一類的冷色調，卻降低了人的情緒反應，會平靜下來。

所以並不是色彩本身有冷、暖之分，也非以觸覺去感覺色彩，而是透過視覺，我們的身體經驗、發生了「熱烈起來」或者「冷靜下來」這些不同的反應。

明度跟彩度也是色彩學的專有名詞。明度指在同一個色系裡，某些顏色的明度比較高，也就是比較淺，在光波上受光的成分比較強烈；彩度高的話，顏色明艷，但比較暗沉。

當然，我想一般大眾對於這些專門的色彩學名稱不一定有興趣，只是也許借助一些專業領域的解釋，讓大家能夠瞭解到我們的眼睛、我們的視網膜，其實構造非常複雜，可能複雜到我們很容易忽略了它的這種豐富層次。也就是說，如果你描述顏色時常常習慣於說白色、紅色……，你會發現：自己的語言其實太貧乏了。

複雜豐富的視覺經驗

也許有一天，我們看著夕陽，當一個人說夕陽是紅色的時候，我們會發現，他已經感覺到對紅色的形容無能為力了。

為什麼這樣講？很多朋友看過夕陽吧，你會覺得夕陽的紅只是一個固定的紅色嗎？我想其實不是的。從黃昏時刻開始，夕陽的紅一直在變化，每一分鐘、甚至每一秒鐘都在變。

每一次在一個河口，你會看到所有面對夏日夕陽的人，坐在那邊發呆，他們的視覺在經驗著非常複雜的過程。你剛剛認為夕陽是紅，它就變成橘；你剛剛覺得是橘，它就開始出現一些帶紫的灰出來。大部分人會著迷於看夕陽，是因為夕陽釋放出最難以掌握的色彩複雜度，可是我們的眼睛看得出這種複雜度，我們的視覺經驗了一個非常非常豐富的過程。

在這種時刻，通常我們無言以對。

很多人面對著夕陽，一句話都講不出來，像是在發呆。其實是因為他的視覺受到了最豐富的感受，視覺還來不及去處理這個豐富的世界，所以會覺得在當下，語言的取代功能已完全失效。

如果你也重視視覺，不妨試試看，讓自己的視覺重新去經驗一次層次複雜的過程，你會在那一個視覺的經驗裡面發現：文字、語言，都變得一無是處。

見證生命的存在痕跡

你回憶得起來嗎？

曾經有一個夏日，你坐在海邊，面對著變化無限的夕陽，心理的反應是如何千迴百轉？也說不定，連回憶起來都覺得難以形容——所有的美到了極致，其實是無言以對的。

我們總覺得語言文字可以形容出的美，常常不是心理上真正的感受。當稱讚著夕陽的美的時候，它是一種色彩，可是又不完全是一種色彩；我們會發現在這個夕陽的色彩裡，正經驗著一個從明亮到黑暗入夜的過程。

它的繁華、它的複雜，好像讓我們感覺到：生命在最後的時刻，要釋放出一切的經驗出來，其中可能有我們愛的記憶、恨的記憶，曾經眷戀或沮喪的經驗，曾經悲哀過或歡喜過的記憶。

我不知道在面對夕陽的時候，它到底呼喚出我們心裡底層什麼樣的一種心情？所以也覺得，朋友們如果有機會再一次面對夏日的夕陽，可以問問自己：「我究竟在看什麼？只是在動用視覺觀賞夕陽的美嗎？我只是在觀察夕陽的色彩變化嗎？還是這些變化，其實也就是自己生命中複雜而豐富的變化？」

德國哲學家黑格爾認為，自然當中，其實沒有所謂的美醜。所謂的美，存在於我們自己的心裡。例如面對著夕陽所看到的美、所讚嘆的美，是我們在那一剎那看到自己生命的狀態，看到了我們自己的生命活過、努力地活出自己最燦爛的極致的時候，留下來的許許多多痕跡。

所以很多人在那樣的時刻無言以對，許多人在那樣的時刻熱淚盈眶，是因為他們忽然看到了自己生命一些最本質的部分。

其實，也許這才是「美」最深刻值得思考的問題吧！所以我才在談到夕陽色彩時，將大家帶到比較不同的理解範疇去。

曙光及夕陽

有時候我會問朋友說：

「你看過夕陽嗎？你看過黎明的曙光嗎？」

夕陽與曙光，都是太陽的變化。

記得曾經在一個冬天到高山去，大概睡到三點鐘就被叫醒，因為那個山上最有名的活動就是觀日出。在那樣寒冷的季節，在那樣的高山上，很多人穿了厚厚的衣服，甚至包著棉被，跑到山峰的最高點。

整個宇宙還籠罩著黑暗時，大家坐在那邊靜靜地等待。

一開始，慢慢感覺到遠處的山巒當中，有一種紅出現……光，原本變化慢些，但也是一剎那一剎那變動著，每一秒鐘都不同；逐漸地你會感覺到變化愈來愈快愈來愈多，當最後紅色太陽即將要從萬山之間跳出來的那一刻，你的眼睛連眨都不敢眨一下。因為，你怕會錯過生命裡面最美好的時刻。

我那時忽然想到，這個萬山環抱的地區住著一些原住民，他們常常在日出時由長老教導著圍坐在一起，面對著太陽詠唱最美麗的詩歌。每次聽到這種由肺腑唱出來的歌聲，我都會想著，他們可能一而再，再而三地重複著對曙光、黎明的歌誦。那是對黎明嗎？是對曙光嗎？還是其實他們對著自己生命裡面最美好的蓬勃朝氣？

一種生命誕生的祝福。

我們在夕陽如「死」的感受裡，感覺到了自己的生命；也在曙光的蓬勃「生」氣中，感覺到了自己的生命。

我問過朋友：夕陽跟曙光有什麼不同？答案通常不太具體，因為大家雖然覺得兩者有差異，可是很難形容得出來。我嘗試去總結所有記憶中經驗過的黎明曙光、落日餘暉的不同，覺得：夕陽可能比黎明的曙光還要燦爛。

當太陽快沉落在海面之下，好像在夏日的一天之後，它有一種不甘心，要將生命做最後、最燦爛的一種反撲，那時感覺到所有視覺裡的每一分每一秒色彩的變化，簡直像繁花盛放一樣；甚至有時候會覺得——美到令人心痛，因為像一種血跡，它像一個生命到最後蹦出來的鮮血，死亡

之前要做最後一次的吶喊。

可是，黎明的曙光其實非常的安靜，裡面涵蘊一種對生命將要誕生的篤定，因為，生命還有很長久的日子要走。所以感覺到那慢慢升起來、慢慢亮起來的曙光，給我們一種非常飽滿的感覺。

投射了自我

不知道看過前面的形容與敘述，大家會不會覺得似乎都在呼應著德國哲學家黑格爾所說的：「自然當中，其實是沒有所謂的美醜。」

自然的美醜，是起因於人們在其中投射了自己生命的狀態。人在自然裡讚嘆時，是在讚嘆自己生命的一種存在；那麼我們也許可以用另一個不同的角度來看待自然裡的色彩。好比北方的秋季，楓樹、變葉木等會在一夜之間變紅，燦爛美麗一如夕陽，於是某些地區就以「夕陽霞彩」來形容秋天楓葉的變化。這些例子可以說是人們對色彩非常特殊的記憶，也會重新呼喚起我們對色彩的深刻思索。

變成文化，形成歷史

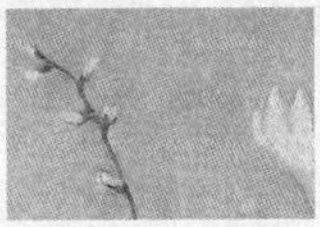

色彩學裡會對顏色進行科學的鑑定，屬於理論分析的部分。事實上，一到大自然當中，我們會發現所有的色彩都跟物像的記憶不可分割。大家感動於夕陽的色彩、黎明曙光的色彩、春花如此爛漫、秋葉凋零前像夕陽霞彩一樣漫天飛舞，這些色彩的記憶停留在我們的心事當中，的確已從色彩變成了一種心情。

走在秋天山路上看到漫天紅葉的人，他看到的不只是色彩，應該是一個季節完成之後將要告別人世最後的一種宣告吧！

逐漸地我們發現到，色彩不單純只是科學上的色彩：色彩一旦變成了心事的記憶，變成了人們心情的反應——色彩會變成文化，也會形成歷史。

以下這個例子十分鮮明。紅色，給我們最直接的聯想可能是鮮血，人們身體受傷時流出的鮮血，可能屬於痛的記憶；不過鮮血的紅，也有新生嬰兒誕生的記憶，也可能是生命的象徵。通常在廣大的東方，紅色代表喜慶。我曾到過北方農村貧窮的村落，大地一片黃土，村民穿得灰灰暗暗，這時只有村裡的一些紅色，讓我覺得還有一些祝福，還有一些喜慶。可能是每一年最歡樂的時光，家裡會用紅色布置；可能是一生最歡樂的時刻，人們會穿起紅色的衣服。紅色，變成一個非常迷人的記憶。

我會認為迷人，因為我不知道這樣的紅色，代表著快樂？傷痛？或是兩者都有？

每次在那樣的黃土裡看到那樣的紅色，其實覺得悲欣交集！只有在色彩稀少的地方，紅色更顯強烈，代表生命裡最大的一種激情。

東西方的差異

但是我相信很多朋友已經知道，在西方世界當中，紅色並不是喜慶的代表。我曾經詢問西方的朋友：「看到紅色，你想到什麼？」對方思索片刻，覺得這個問題並不容易回答，之後很直覺地說：

「我想到吸血鬼。」

東方、西方對於紅色的反應，可說是非常不一樣。

「紅白喜事」是我們熟悉的詞語。收到一張紅帖子，可能是婚禮或老人家過壽；收到白帖子，可能是死亡的宣告，喪禮的訃文。「紅」跟「白」很明顯地在一個廣大的文化裡，已經不單純是科學的色彩，而成為生與死的記憶，快樂與哀傷的記憶，生命跟消亡的記憶。

我們發現在東方，白色變成了死亡的象徵及喪事的代表，基本上披麻帶孝都是白色，東方社會的喪禮大概都以白色為主。可是在西方、在歐洲文化中，白色其實是純潔、聖潔的代表。第一次結婚的女子穿上白色禮服，特別彰顯出生命最無邪的祝福。

這個時候我們就會更進一步地思考到，色彩並不只是單純由科學分析研究出來之色彩學，還應該是社會學、人類學、文化學都可探討的主題。

我相信從以前到今天，許多的文化、許多的社會，都在色彩裡加進不同的想法。長久傳統認為紅色代表喜慶，白色代表喪葬和悲哀，可是在現代的社會裡，可能會為紅色加上一個政治的符號，為綠色、藍色也加上一個政治的符號，甚至還會被繼續加進不同的聯想……這些聯想雖然不一定會變成長久的傳統，但是不要忘記，這些聯想已在影響許許多多人們的思維。

當色彩不單純只被視為色彩的時候，也許表示我們受到很多雜事的干擾吧！我不知道要不要把那些雜事剔除？

但我是覺得：將色彩恢復為「單純」的色彩，將色彩還原給視覺，也許是一件非常重要的事。

於是在大自然當中，我們可以再一次去經驗最單純的色彩。一朵花綻放時，它努力在生態裡形成自己生命一種色彩的符號，用這個色彩來證明存在、用這個色彩來完成生命的傳播、生命的擴大與延長。在這種時刻，色彩其實非常地動人，並沒有附加太多人為的意圖和手段。所以有

時候感覺到活在當下，如果色彩被很多人利用，變成了一種束縛的話，我常常寧願讓自己的視覺再一次走到大自然裡去經驗比較單純的色彩，感覺到那些色彩又呼喚起生命本質的意義。

自己，於是能夠從色彩的某一種框框裡，解放出來。

看不見的競爭力

視覺這個特別的感官，常常會跟色彩相提並論。十九世紀從歐洲開始，對於人類視網膜、色彩及光三者之間的複雜性，做了許多的整理。現代科學在視覺上的研究，也愈來愈進步了。也許大家聽過「色譜」這個專有名詞。所謂的色譜，就是橙、紅、黃、綠、藍、靛、紫，也有人稱做光譜。在測驗人的視弱或者色盲這類視覺上異變的時候，會翻開內有各式彩色頁的專門書讓受測者辨視，考驗對色彩的敏感度。

也許因為我是學美術的，對視弱、色盲非常感興趣。很多美術科系會不准視弱或色盲的學生報考，認為視弱跟色盲是一種視覺上的病態，不適合從事與色彩有關的行業，所以也不能做畫家。其實在藝術史上我們發現，視弱跟色盲的藝術家曾經存在過。

視弱、色盲

所謂色盲，可能是對於某一種色彩的感受，與一般人有所不同。我問過一位色盲的朋友，他說他的世界大半是灰色，可是他會看到很強烈的紅跟綠，就是最強烈的色譜在他的視覺中存在著，而比較中間色調的部分，會變成灰色調。想想看，如果我畫一張以灰色為主調的畫，其中跳出很強烈的紅跟綠，也許會被認為是很美的一張畫。

所以回到美學的本質來，其實人類的感官有很多種不同存在的狀況。有人色弱，也許有人對色彩很敏感，我們叫色強。有人看顏色會有盲點，稱為色盲；也許一般正常人就可以看到很豐富的色彩。

可是這些情況都是相對比較而來。

有時候我會在想：一位天生的盲人，他的視覺感官經驗會是如何？我們常常稱呼盲人朋友為視障，指的是視覺受到障礙，可是我們會發現，視障朋友在很多感官上非常非常地靈敏，譬如說，他們能用聽覺、觸覺去替代自己的視覺。

我碰過一位視障的朋友，他會用皮膚上的感覺去形容月光，當他跟我形容著這樣的感受時，我大吃一驚，我忽然覺得視覺其實是可以用其他感官來彌補的。那時我回頭反問自己：「我是一個視覺正常的人，但是不是就因為我的視覺太正常，結果反而變得不敏感了？」

我的意思是說，如果科學家告訴我，我的視網膜可以分析兩千種不同的色彩，可是我發現看到的色彩非常少；相對而言，這不也是一種盲嗎？空有這一副眼睛，空有正常的視覺，但我的眼睛看到的色彩其實並不多。

很多的兒童美術理論便是因此而希望：從兒童美術去開發孩子在成長過程裡視網膜非常豐富的經驗，讓他們從小能感覺到月光、夕陽的變化，感覺到花在綻放過程中，色彩逐步逐步地改變。孩子於是感覺到，藍色、綠色、紅色這些泛稱，不能當做色彩的代表，色彩遠比這些文字、語言要豐富得多。這個過程就是所謂的「開發潛能」。

喚醒沉睡的感官

人類的感官潛能其實大部分停留在沉睡狀態，並沒有被喚醒。

所以也許父母、老師都沒有想到，將一個成長的孩子帶到海邊去感受夕陽的變化，他所學到的東西不是文字跟語言可以回答的，也無法去應付考試，現實上毫無功能可言。

可是這般成長的孩子，視覺上的豐富性比一般人來得強，他所看到的夕陽，已變成心靈的庫存，他有一個豐富的倉庫存放著許多色彩的記憶。有一天，他走到不同的行業裡去，他對色彩能夠有非常豐富的反應，他會是一個完整的人，也會是一個成功的人。

所以我們常常說：「美，是看不見的競爭力。」

在現實社會中，我們常常要求孩子分數考高一點，賽跑跑快一點……用分數、用數字來衡量競爭的結果。美，卻是看不見的競爭力。

美，使一個人的生命充滿了聽覺、視覺、嗅覺、味覺等各種不同心靈感受的庫存。當有一天，孩子長大了，想從心靈庫存裡提領出美的時候，他覺得源源不絕。

我曾經看過一些朋友，在生命最沮喪的時刻不知如何是好，於是可能用最絕望的方式傷害自己、毀滅自己，我發現在他們的美的庫存裡，空空如也。當銀行戶頭裡沒有存款，提款機是提不出任何金錢來的；別忽略了：我們的心靈也像一張提款卡。如果庫存餘額是零，有一天，我們提領不出任何愛、恨、歡樂、或悲哀的時候，這一張提款卡，會變成自己非常沉重的負擔。

辨識形狀

除了色彩之外，視覺裡還有一個部分也非常重要，就是形狀。

人類的視覺有能力辨認形狀。例如看到一塊石頭，我們會觀察這塊石頭長成什麼樣子，其實這一種能力從很早很早以前，就存在於人類的歷史當中，也許可以追溯到一百多萬年以前吧！

石器時代

歷史上有一個時代，叫做石器時代。當時的人類，還沒有組成國家、還沒有創造文字、甚至連語言都還不豐富，可是他們會用剛剛進化的手去觸摸石頭。當在整個大地曠野裡行走的時候，他們發現每一塊石頭有不同的重量、不同的形狀、不同的質地，於是有人開始把玩這些石頭。

我們不要忘記，這些石頭後來陸續變成了工具，成為他們用來打獵、砍伐樹木的工具——這個時代被稱為石器時代，在人類的歷史上是最漫長的一個階段。石器時代可以追蹤到一百萬年以前，因為太漫長了，所以將其區分成舊石器時代、中石器時代、新石器時代，甚至加入細石器時代，就是精細的石器時代。

如果我們到史前博物館參觀，有時候會納悶：為什麼會把一塊看起來不特別的石頭放在櫥窗裡，還打上燈光，為什麼這塊石頭這麼重要？下一次大家稍微觀察一下，其實那塊石頭上面，留下人類敲打過的痕跡。史前人類希望利用這塊石頭來做工具，便拿另外一個石頭敲打這塊石頭，最後就打出一些痕跡，像這樣的石頭屬於最早的舊石器時代。

如果自己動手試試看也不難。揀選一塊鵝卵石，然後找另外一塊比較硬的石頭去擊打，鵝卵石的邊緣便會慢慢碎裂。石頭的中間部分叫做石核，比較厚些，四邊薄的部分經過敲打後，出現很多的裂痕。敲打過的石頭裂開之處非常鋒利，有點像刀韌，古代人就利用這塊石頭被打出來的鋒利部分切割獸肉，作用如同現在所說的斧頭或刀子。現今製造出來使用的斧頭、刀子，一般都是金屬製品，可是在石器時代，人類所用的斧頭是石頭做成的。

在博物館裡看到的史前石頭，上面可能標記著是幾萬年前的一個手斧，當時人類就是用手拿著這個斧頭來殺野獸，或甚至用在砍樹等其他工作。

緩慢的學習

我們發現人類從製作石器的過程中，瞭解到形狀，包括厚與薄。厚與薄都是形狀，刀子厚的地方叫做刀背，薄的地方叫做刀韌，切割東西時必須使用刀韌部分。現在的我們覺得這是一個很簡單的反應，可是不要忘記，這是一百萬年前的人類對於形狀非常緩慢的學習。

人類也開始辨認出三角形。有一種武器叫做矛，它的一邊比較寬，另一邊比較尖。史前人類在與野獸搏鬥時，發現可以利用石頭磨尖的部分刺殺野獸，這是最早的石矛或石刀；我們現在不管給這個石器按上什麼名稱都無所謂，重要的是：人類在這個行為裡，辨認出尖的形狀可以刺殺野獸，也算是石器時代人類對於造型最早的學習之一。

接下來的人類運用石頭做出各種不同的形狀，石斧之外還有石刀、石鐮等。我們在很多原始民族裡都看到了以上這些工具的存在，表示在人們的腦海裡已經有了對形狀的記憶，不同的形狀功能也各異，然後人們動手完成心中的想像。

西方哲學家柏拉圖一直認為，人類超越動物一個很大的不同處，是人類擁有理念的世界，他稱做 idea 。當人的心裡想像出一個狀態或形狀時，能夠用自己的手，去把一個物質做到想望的情況或程度，這就是一種創造。今天人類的創造力當然已經了不得了，甚至可以在高科技行業中組合出非常繁複的ＩＣ記憶體之類；但別忘了：人類最早的創造物是石頭，是在石頭上打出想望的圓形、方形、三角形。這些工具製作於一百多萬年前，它們停留在人類的歷史裡面，變成人類向前邁進創造世界的第一步。

形狀的發生並非只存在於人類的世界，動物的世界也有許多現成的例子。鳥類築巢時，經常銜回長長的稻草、樹葉等，在樹頂或屋簷下編織一個鳥窩出來，稻草、樹葉一層又一層緊密相接，成為能遮風擋雨、非常完美的家。我不知道大家有沒有看過鳥巢?有沒有看過蜜蜂用泥土做出來的窩?有沒有看過蜘蛛在樹木之間結成的網?其中所表現出來對於形狀造形的能力，常常讓我們人類嘆為觀止。

用理念來創造

這種創造的本能在動物世界中已經存在，不過人類所積累的本能更為豐富，而且還將本能變成了觀念，然後不斷地複製這個觀念形成新的創造。所以談到形狀感覺的時候，我們可以將形狀歸屬於視覺，可是形狀本身最後也會是一個觀念的記憶，它在創造的歷史當中是非常重要的一環。

今天的人類要再重新回到一百萬年前的曠野當中，回到那每一天都得跟野獸搏鬥的艱難時刻，大概已很困難吧!所以我們也很難理解在那個時代當中，最早的人類站在大地上、手上拿著一個石頭、去為自己的生存奮鬥時所存留下的偉大記憶。

三種造形的母型

我們對造形的最早期記憶其實非常單純，就是三角形、圓形、和方形。學美術的人都知道這三者被稱做造形的母型，之後所有千變萬化的形狀，都是從它們慢慢演變而成。

埃及金字塔

埃及有一個偉大的三角形，就是金字塔。

金字塔從底部最大的一個地基，慢慢往上愈縮愈小，大概在仰角五十一度五十二度左右向一個最高點集中，形成歷史上人人嘆為觀止的造型。

這個造型其實是一個陵墓。以前的埃及人相信人死後可以復生，於是活著的人都住在尼羅河的東邊，也就是太陽升起的地方，死去的屍體則由船運到河流的西岸。法老王的屍體就埋葬在金字塔內，一座一座的金字塔被蓋起來，儲存著那些等待著復活的死亡。

好幾次我面對著沙漠裡巨大的三角形，漫漫塵土中，我忽然覺得那樣的三角形在落日餘暉裡，變成一種永恆存在的表情。

我們都知道三角形是最穩定的造型，因為下方的地基最大，上方只有一小點，所以它最不容易被移動。可能因為如此，這個形狀在埃及變成了一個符號：一個代表死亡的符號，但這個死亡卻正等待著復活！所以它要安安靜靜的存在著，變成一個人們無法推動、自然天災也無法動搖的力量。所以幾千年來那個三角形還存在著，成為古埃及文明留在大地上一個非常大的願望。

循環才是永恆

有些民族也許覺得最偉大的永恆其實並不是三角形，他們透過對於生存的理解，認為「循環」才是真正的永恆——特別對於一個長期以農為生的民族而言。

他們發現春天的種子會發芽、到夏天會茁壯、到秋天結為果實可以收穫、到了冬天，一切生命雖然看起來死滅了，可是其實所有的生命都隱藏在大地的白雪之下，等待春天另外一次的復活。從一次又一次的周而復始，他們發現「循環」才是永恆。還看到太陽的日出日落，是循環；月亮的盈虧，是循環——他們開始記錄月亮從最細像眉毛一樣的新月，慢慢變成圓月，之後再重新慢慢縮小——從這樣的過程中他們開始記錄時間，他們開始記錄月亮的圓缺，最後得到一個結論：「圓」是最美的造型。

「圓」的概念開始被提出來了，他們覺得：所有分散的都要再相聚，叫做團圓；所有的缺陷最後可以再一次完成，叫做圓滿。

在漢字當中，「圓」這個字變成一個非常特殊的符號。已經不只是形狀了，它成為一種祝福！為什麼我們有一個節日叫做中秋節？為什麼所有的親人在中秋節時要團聚，一起期待一年之中最圓最美的那個月亮？

蘇東坡曾在「丙辰中秋」，寫下他最為人傳誦的詩句給弟弟，有幾句是：「人有悲歡離合，月有陰晴圓缺，此事古難全。但願人長久，千里共嬋娟。」他希望所有活著的人都能夠共同享有代表月亮的「嬋娟」；所以這個時候我們會發現，圓這個造型對某一個民族來說，變成了記憶，變成了永恆。

「圓」很難翻譯到西方去，因為西方的語言中找不到這層意思。我們同時可以瞭解到，形狀本身也並不只是一個視覺上的存在，它跟色彩一樣，也已包含了非常複雜的文化記憶，包含了歷史上世世代代生存下來的一種心願。

祈天的玉璧

這樣的圓形並不純粹是視覺上的一個造型而已。有人會把這個圓努力地運用於最美好的玉，把它雕刻成圓的，中間留有一個孔洞也是圓的——博物館裡常會看到它們，叫做玉璧。在古代做為人類領袖的天子，每年有一天要拿著這個「圓」去祭拜天、感謝天，祈求風調雨順，國泰民安的一種圓滿。

在古代的造型歷史上，玉璧大概是存在數量最大的一種造形，雖然它們製作起來並不需要繁複的技巧，不過我們卻可以由此瞭解到古代君王拿著玉璧祈天時心情上的一種莊嚴吧。一個一個躺在博物館陳列櫃裡的玉璧，其實還是會呼喚起大家對這個古老造型內所隱含的深刻意義。

我們也可以重新思考「圓」的其他一些象徵。

有一次一位西方的朋友問我，為什麼在東方，大家是圍繞著圓桌吃飯，而西方人進食的桌子卻是長方形？也許西方人認為，方是一種秩序，一種規矩；可是對另外一個民族來講，圓代表一種團圓，一種循環。我當下才恍然大悟，原來這樣的「圓」裡有許多願望的意義在當中。

生命只要可以延長，就有了「打不敗」的意義。

一個圓周本身，每一點既是開始，也是結束，它頭尾相銜。大家思考一下，一條直線不論距離有多長，一定會有開始有結束，最後就是一個悲劇。所以有一個民族非常聰明，他們體會到只有圓形裡面的線才能永恆循環不會終止。

那麼「圓」的真正意義，就不只是人類當下的團圓相聚了，還擴大到圓滿——希望生命的世世代代可以不斷延續下去，因為它的每一個終點，也就是新的起點。這個周而復始的意義，就寄託在玉璧的圓當中，變成一個非常重要的象徵。

訣別之禮

我在談到人類的視覺感官時，之所以會在思考形狀這個部分做多一點的分析，是希望一般的朋友能夠明白：形狀，並不只是一種藝術的造型，它在文化學上也涵括了不少意義。

中國古代很喜歡圓，許多女性在手上戴玉鐲，甚至連腳踝也套上玉環，它們都變成了圓形的象徵。可是我想有些喜好古玉的朋友知道，古玉裡面有一種缺了一個口的圓形，就是將圓形的鐲子打斷中間的一段，叫做玦。玦，是有缺陷的圓形。

古代有一段時期，當朋友互相告別時，會贈送玦給對方，意思是：我們現在要分離要「訣別」了——你看，其實「玦」有同音字的意義在裡面——這是一種不圓滿的情況。當然贈送這個物件給朋友時，也建立了一個願望，希望有一天大家能重新團圓，彌補這個不圓滿的遺憾。

所以很多造型的發展歷史與人類的生存記憶有非常複雜的關係，如果只單純從外在造型上去看這個物品的設計，就體會不到其中的感人部分了。埃及人對金字塔的記憶，或者東方對於圓形的記憶，其實都變成我們很重要的心靈遺產，到今天還發生著巨大的作用。

天圓地方

圓形的記憶後來與方形結合在一起，漢代人相信天圓地方：天是圓的，所有的時間都是圓形的循環；可是人所居住的空間是方的，代表一個空間，這種說法也就是現在漢字裡習慣指稱的「宇宙」。

現代人認為宇宙是自然當中最大的一個存在，可是在漢字裡卻解釋成

「四方上下曰宇，古往今來曰宙。」四方上下是指空間，古往今來是指時間，所以宇跟宙加在一起，其實就是講空間與時間。

古代帝王登基做皇帝的時候，會蓋一間公布政令的房子叫做明堂，它是方形；外圍還會建立一圈水池環繞著明堂，這環水池叫做辟雍。所以我們看到，以前的帝王登基時就是站在天圓地方之中，代表了人的定位。我們看到現代出土的漢朝銅鏡，圓形鏡框的中間刻上了方形框線；漢武帝鑄造的五株錢，也是圓框方孔。可見漢朝習慣把圓跟方組合在一起，他們發現圓跟方是宇宙的秩序，是一個時間跟空間同時存在的狀況，這也才是人的定位。

還有一種最簡單的方式可以來做解釋：我們現在常常說規矩規矩，規是圓規，它是圓形；矩是畫方形或直角的一種曲尺，它是方形。我們經常掛在嘴上說：「做人要有規矩」，可見「規矩」這個詞，基本上還保留住古代將圓與方結合在一起的深刻造形意義。

視覺

在五種感官裡
視覺用得最多
用在看書看文字
而不是看天空看雲看海看一片葉子上的光

視覺太累了
現代人常常按摩眼睛
覺得閉起眼睛是莫大的放鬆休息

試試看靜觀的方法
靜觀一杯水
水在透明的玻璃杯裡
玻璃和水都反映著光
視覺經驗著三種透明

玻璃　水　光
我們的視網膜可以分辨兩千種色彩
試試看去靜觀一次黎明
從破曉的微光裡經驗不同層次的灰
灰裡夾著淺紅
紅裡閃著金閃著紫閃著青藍閃著橙黃閃著珍珠的白
奇特的視覺
彷彿靜觀自己的一生
視覺不再是看
而是心靈的透視
靜觀黑暗裡的繁星
靜觀無法計量的遙遠距離傳來那一點點光
我可以說　我看見了

〈午後〉

觸覺之美

有一天，
你要用整個的身體去
感覺到一個你所愛的人……
除了聽覺與視覺外，
你還可以擁抱這個身體，
你還要用觸覺去感覺
對方的存在。

在人類所具備的許多感官中，其實有一種感官經常會被遺忘，那就是觸覺。

不知道大家小時候，有沒有機會仔細去觀察一隻昆蟲？我記得童年時，很喜歡注視著昆蟲的移動，看它們慢慢、慢慢地攀爬，頭上兩根觸角不時微微轉動著。那時我總是驚訝和不解，為什麼這麼小小一隻蟲子，有時候觸角卻比它的身體還來得長，這長長的觸角到底有什麼用途？

事實上那兩根細細長長的觸角，或稱觸鬚，就像是昆蟲的雷達站，用來感應外在的空間與世界，使它知道走到何處碰到牆壁就應該轉彎，走到哪些地方身體應該發生一些變化等等。我相信在比較低等的昆蟲世界當中，觸鬚跟觸覺對它們而言非常重要。

我不知道人類的身上，是否還留存著很多從昆蟲時代進化而來的記憶跟經驗?或者人類已經發展成為所謂的靈長類,是高度文明的高等動物,離昆蟲的世界非常久遠了,所以我們不太習慣談及觸覺?可是我相信大家一定會注意到,用觸覺去感覺世界的記憶其實非常的豐富,可是為什麼我們感覺不到了?

因為我們的視覺發展得太強了!人類的眼睛取代很多其他的感覺,我們可以用眼睛看,用眼睛辨別。尤其最近的五千年當中,因為人類發明文字,於是習於用眼睛觀看文字的記錄,視覺變成五種感官裡最強大的一種,經常取代了其他的感覺經驗。當其他感官在有意或無意之中被壓抑之後,其實我們的身心會產生一種不滿足的感覺。

擁有觸覺記憶

我發現在人們的身體裡面,觸覺,也許是最強的一種渴望。

比如說我常常會有一個渴望,希望脫掉鞋子襪子赤腳踩在沙地上……,我覺得這是一個非常童年的記憶,這種記憶我沒有辦法用視覺代替,看看沙灘就滿足了。我必須用我的赤裸的腳去踩踏沙灘，感覺那種柔軟，然後每一塊沙地上印下了自己的足跡，腳印拖得長長的……我相信很多朋友在到海邊度假時，大概都還找得回來這種快樂。還有就是脫掉了鞋子、襪子，當你的腳踩在青草泥土上的時候，腳底好像整個感覺到大地的脈搏，草地的芳香也透過皮膚的感覺傳達上來，這樣的觸覺往往帶給我們很多的感動。

我相信在我們一系列談美、談感覺的內容裡，這些是最被人們忽略的部分。

所以，我們應該多給孩子們一些觸覺的回憶跟經驗，在他們的童年時刻，能夠擁有更多身體上的快樂。讓他們的腳去踩踏沙灘、讓他們的手去撫摸一片春天剛生長出來的新葉。也許在當下，也許在日後，他都無法用文字或口語來形容這些感覺，可是他會覺得自己的身體裡擁有很多這般的記憶。

對我們傳統影響最大的儒家文化中，所說最少的部分，就是觸覺。

儒家大部分談及的都是視覺與聽覺，因為這兩者皆屬於人類高度文明的感覺經驗。譬如談到見面的禮節，儒家文化的方式是打躬作揖，也就是互相鞠躬，雙方的身體沒有任何接觸。而西方社會中，遇到熟識的朋友可能雙方會很自然地擁抱一下，或者兩人互貼面頰；即使對初見面的人所行的握手禮節，都有觸覺在其中。

忘不掉的牽繫

在我的童年裡對身體的記憶很缺乏，唯一感受到的則是與母親有關。因為那個年代大都由母親親自哺乳，所以覺得母親的身體跟我的記憶是非常親切的，一直到母親過世，我都還跟她非常親，這般身體上觸覺的連繫，會讓人永遠忘不掉。可是父親就很嚴肅，我甚至有一點害怕他。因為沒有那麼親，我們孩子只會向父親鞠躬或敬禮。一直到父親去世、我在靈堂向他祭拜的時候，我都感覺到很遺憾，他的身體我並不熟悉，我甚至沒有很多機會握過他的手。所以我感覺到，觸覺經驗應該是現代儒家文化中特別需要被提醒的部分，否則，就會造成我們身體上的遺憾。

西方人在日常生活中，身體跟身體接觸的機會非常多。譬如法國人的見面禮儀，雙方臉頰互碰數下，這是非常普遍的狀況。過去我們不瞭解時，常會誤認這兩位必定是情人，才會靠得那麼近，而且有時貼面之後還會親吻。在法國，連母親與孩子、父親與女兒也都用這樣的禮節，甚至同事見面也是如此。

記得剛到法國讀書時，碰到認為已經與我熟識的法國朋友，他走過來擁抱我，與我貼面的時候，我常會覺得很尷尬，因為這種肢體語言我並不習慣。我也不知道左臉右臉應該從哪一邊開始，可是他們的速度又很快，結果有時候兩人的臉就會「卡到」，於是我們就一起大笑起來。

在觸覺經驗裡，我們對自己身體不自在的這種狀況，其實是可以改善的：現在開始，試著用自己的身體、用遍布在全身的皮膚，去感覺到世界的存在、感覺到沙、感覺到葉子、感覺到綻放的花朵，感覺到毛細孔被春天的風吹拂⋯⋯。可是更重要的，是有一天，你要用整個的身體去感覺到一個你所愛的人——除了聽覺與視覺外，你還可以擁抱這個身體，你還要用觸覺去感覺對方的存在。

沉睡的感官重新甦醒

如果朋友們試著閉起眼睛，將會發現：其實聽覺可以不依靠視覺；也可以閉著眼睛，用手去感覺自己的身體以及外在世界，也能體會到觸覺可以不依靠視覺。所以當人的五種感官裡，視覺變成獨大的時候，觸覺及聽覺可能都會被淹沒了。我很希望大家能夠重新喚醒長期以來沉睡的感覺，讓這些感官重新甦醒。

蒙住眼睛的旅程

過去在大學中「藝術概論」的課程裡，我會為學生安排一個練習。

一個學生騎著摩托車，後座載著另一個眼睛被布蒙起來的學生，出去繞了約兩個小時以後回來。後座的學生拿掉蒙眼布後，必須向大家報告剛才經過了哪些地方。

這一個練習的目的，就是希望學生不要用視覺，而開發其他的感官去觀察。譬如說摩托車經過了稻田、賣魚的市場，後座的學生如果眼睛沒有蒙起來，他東張西望就都「看」到了。可是在視覺被遮住後，發現有稻田、魚市場，是因為聞到了它們的氣味。有一次受測驗的學生甚至說，剛才摩托車曾經經過一條很窄的巷子，兩邊都是高高的牆；那時我想，這種感覺應該不是聽覺或嗅覺，可能是觸覺吧！他的身體感受到的空間忽然改變了，兩邊的風比較窄比較緊，覺得像處在兩旁都是高牆的窄巷裡，吹著所謂的穿堂風……由這些實例可以看出，感覺世界的恢復，感覺記憶的喚醒，我們的確需要做很多的練習。

在法國讀書的時候，有一堂課曾經讓我記憶非常深刻。

有位老師在一個布袋裡面裝了許多的物品，他說可能有海綿、石頭、紙張等等。他要我們將手伸進布袋裡觸摸，確定摸到的是什麼東西，而且還要說出這件東西的顏色。剛開始我委實被嚇到了！想想看，閉起眼睛來摸東西，怎麼會摸得出色彩？不過老師解釋說，如果我摸到了一個東西，很確定那個東西有石頭的質地跟感覺，那我就可以判斷這是個石頭，它可能的顏色會是什麼。摸到了一張紙，如果我覺得這張紙可能還沒有寫過字，我就可以說它是白色。

在那一個小時的課堂當中，我將手放在布袋裡摸著各種東西，從形狀、質感等各種線索在記憶中搜尋，我發現我恢復了我的觸覺。

摸到那海綿，我覺得已經好久好久沒有觸及到這樣一個柔軟，可以吸收水份的質感了，它給我帶來很大的快樂。同時我也在思考老師所出的題目，咦！海綿到底是什麼顏色？是棕黃色嗎？還是有其它的可能？課堂最後，老師告訴我們，猜測物品顏色的對或錯其實無關緊要，重要的是，在這一個小時裡，你是否真地經由自己的觸覺得到了感受。

我才知道世界上有一個考試，答案是不重要的，重要是那個過程！我們常常在考試的最後去核對答案對與錯，而忽略掉過程之中的對與錯。

對身體陌生

這樣一些教育上的經驗給予我很大的感觸，在回到台灣從事教育之後，還是感覺到本地的教育對感覺的啟發太少。因為自己的身體沒有被啟發出感覺，我們才會對人的身體這麼陌生，所以一接觸的時候，常常不知道怎麼去處理。有一天讀到一篇報告，談到我所居住的社會中，青少年性犯罪的比例在世界上竟然排名這麼前面，當時真地有一點呆住了。

我們常常誤以為西方年輕人對性抱持開放的態度，可以隨便接觸他人的身體，其實不然。像法國的年輕人，見面後互相擁抱碰碰面頰，因為這是一種禮節，身體互相地靠近感覺到體溫，這是一種快樂，不見得有性的挑逗在裡面。可是如果身體長期的陌生，長期被禁忌壓抑，最後身體一接觸就是性，反而沒有辦法引導出其他的可能性。

我的意思是說，如果我握住母親的手，我感覺到母親的存在，也感覺到母親的體溫。

我記得在母親病危的時候，她的意識狀況已經很模糊了，我一直握著她的手，偶然感覺到她的手在我的手掌當中還會有輕微的反應。我不知道她這種反應是不是我的主觀感覺，可是我會希望她感覺到在這個時刻，她不是孤獨的；我希望她感覺到我在旁邊，感覺到我的體溫跟她的體溫是在一起的。

我相信觸覺裡面有一個非常高貴的層面，並不只是性而已。可是在有些社會，我們發現觸覺的滿足都被引導到性——很多色情的事物，色情的行業，像馬殺雞這一類的，都是利用觸覺的快樂，把它完全引導到性的部分，於是觸覺變成了一個低等動物的本能。

的確，像昆蟲這些低等動物就存在了觸覺，它是生命經驗裡一個非常原始的存在。可是我相信，觸覺跟其他的感官如視覺、聽覺一樣，也可以發展出非常高貴的記憶出來。

羅丹是法國一位很有名的雕刻家，他最有名的作品之一，是表現兩隻手慢慢依靠在一起的過程。如果在現場觀賞這個作品，你會發現他雕刻的並不是一個人的兩隻手，而是分屬兩個人的右手在慢慢接觸的時候形成了空間。羅丹為這個作品取名為「教堂」。你會不會覺得奇怪呢？羅丹認為人類的手互相慢慢接觸的過程，帶來的是一個宗教的感覺、宗教的

快樂，並不認為它是性。

我想大家也可以試試看，恢復用自己的身體去跟別人做接觸，讓觸覺的記憶不會向下淪落成為動物性的本能，而在其中，其實包含著一個人類非常高貴的情操。

觸覺在我們的五種感官裡還有一個特殊的地方，它常與禁忌連結在一起；我相信在人類的行為學上，觸覺是禁忌最多的感官。儒家文化裡經常強調：「非禮勿視，非禮勿言，非禮勿動。」希望我們的視覺、聽覺、觸覺都要合於禮，不合於禮就不要輕舉妄動。

大家到美術館去，不知道有沒有一個感覺？常會看到某些立體造形雕塑品上，特別掛著牌子，上面寫「請勿觸碰」四個字。我們發現，凡是掛著「請勿觸碰」這類牌子的地方，一定說明我們有慾望想要去觸碰，這是非常奇特的一個禁忌感，就是觸覺常常會是禁忌，你不能夠隨便去碰去摸。

譬如說我們在視覺看到一個美好的東西，希望去擁有，甚至在慾望上希望佔有的時候，接下來的感官就是觸覺了。可是觸覺常常是一個防線，它會變成某一種禮教的約束跟禁忌。

禁忌最多

我們在街上可能看到一個美麗的人，你覺得好美好美，你有慾望想要觸碰他，但是你當然知道那是非法的，不能真的去做這個行為。所以長期以來我們會發現，觸覺是人類禁忌最多的一個感官。我也相信，如果以佛洛依德心理學的理論來分析，人類被壓抑最多的感官，必定也是觸覺。

想要感受觸覺的快樂，前面提過可以到沙灘上，重新用腳去感覺沙灘的存在；或者用自己的手去觸摸海邊的石頭，這種觸覺可以從大自然中恢復。可是人跟人的身體接觸，卻常常還是禁忌。

有一天，也許我們跟自己最親密的人會發生身體上非常私密的接觸，這種觸覺沒有辦法跟別人分享，只屬於你與對方之間共有的、一個非常私密的快樂。我想即使面對最好的朋友吧，我們都很少談起和最親密對象那種身體私密接觸的快樂跟記憶，甚至也傳達不出去，所以有時候我覺得觸覺與其他的感官非常不同，其實蠻孤獨的，不太容易被瞭解。

可是我不知道大家同不同意，觸覺其實又是五種感官中最強烈的一個！當你擁抱著一個身體時，你會覺得熱淚盈眶、全心激動，因為身體所逼出來的一個慾望達到最滿足的狀況，你由此得到了快樂。觸覺同時也非常接近宗教，所以我一直覺得在人類的感覺記憶、審美記憶裡，觸覺被討論得太少，這是很大很大的遺憾。

盤玉的藝術

倒是有一個很奇特的現象，我發現在中國的美術裡，其實有蠻多的觸覺藝術可以被探討。

譬如說，中國古代有玉器的藝術，很多人喜歡在身上佩玉，連儒家文化中也有孔子佩玉的記錄。他們佩玉，也喜歡「把玩」玉。我用到了「把玩」這兩個字。

「把玩」是手去撫摸、去感覺玉的存在。將玉佩在身上的人，你會發現他的手常常在把玩這塊玉，於是在玩玉的藝術中出現一個名詞，叫做盤

玉，就是用玉去接觸自己的皮膚，之後這塊玉就會越來越盈潤。

《說文解字》裡稱「美石為玉」，只要是美好的石頭，就是玉。作者許慎並不認為玉一定是特別珍貴、稀有的寶石之類；他認為即使是海邊的石頭，只要我們不斷用身體去記憶它，不斷用身體去感覺它，撫摸它，就會讓汗水及皮膚上的一種分泌物沁透到玉當中。

我又提到一個名詞：沁透。玩玉的人最常用到「沁」這個字，常說：「這塊玉好美，你看它的沁好漂亮！」如果是水銀滲到玉裡，就叫做水銀沁，也有石灰沁等等。

有一次我碰到一位佩戴玉的老先生，他有點神神秘秘地向我顯示他的玉，說裡面有血絲沁。他認為自己佩戴這塊玉的時日太久了，生命的精魂都進到了玉當中，所以他認為玉裡面有細細的血絲紋，也就是血絲沁。

在不容易被「感染」產生化學變化的石頭裡，卻「感染」進人們身體的某一種觸覺記憶，這就是「沁」；西方人大概很難懂得這個字的含意。

台北的故宮博物院收藏許多的古玉，大家有機會的話可以去觀賞一番。有些古玉屬於陪葬品，古代中國人相信玉可以幫助死人復活，便製作玉器放在死者的孔穴，也就是七竅內，例如耳朵、鼻孔等；如果把玉雕成像舌頭扁扁的，上面再刻出蟬的形狀，我們叫含蟬，是放在死者口中的玉。最後更發展出所謂的金鏤玉衣——大家可能看過在徐州出土、從西漢楚王陵墓挖掘出土的金鏤玉衣，四千兩百多片的新疆和闐玉片由金縷連結著包覆一位諸侯王的全身——我們看到玉，因此變成了一個跟復活有關的記憶，生命可以經由一種不容易覺察的方式，轉移到另外一個生命。

所以如果你將一塊新玉戴在身上，剛開始會感覺不到它的盈潤，但在佩戴數個月後，慢慢會發現這塊玉愈來愈油亮油亮，然後你好像覺得皮膚上的觸覺，都經由了接觸而滲透到這塊玉當中了；這種過程通常也是中國人玩玉的一個開始。

從無機變有機

大家還記得嗎？《紅樓夢》這本書的原名叫做《石頭記》，就是講天上一塊石頭經過修煉之後，成為一個生命的精魂而來到人間，他的名字叫做寶玉。這個男孩子其實是一塊石頭，自我的修煉則是沁透的過程，他的修煉讓自己的生命從無機變成有機的狀態。我想我們談的審美，其實就是一種「無機變有機」的過程。所謂的美，也就是生命所在之處；美，最後可以讓所有沒有生命的都變成有生命的，其實這也就是美最大的渴望。

勝過千言萬語

在現代藝術當中，不管是「雕」或者是「塑」這兩種手法製作出來的作品，其實都不太有機會讓我們的手去感覺、去觸碰，我一直覺得這是蠻大的遺憾。

我相信會有更多現代的藝術家嘗試去開發人類觸覺的快樂。譬如說會不會有一個雕塑，不管材質是大理石、不鏽鋼或混凝土，這個成品能讓所有的孩子去抱去摸，用自己的身體去感覺它。

在巴黎一個兒童公園內，我看到使用很粗的石頭雕琢出來、約三公尺見方的一個大頭像，上面爬滿了小孩子。孩子們爬上爬下、摸這摸那，我沒有看到頭像的旁邊豎立著一個牌子，寫著：請勿觸碰。我相信他們已經發現，對於孩子來講，孩子所有的快樂都來自於觸碰，那的確是一個童年時期天真的記憶。有時看到大人帶著孩子出門玩，卻一路緊張地要孩子「這個不准碰，那個不能摸」的，孩子所受到的觸覺方面之禁忌跟阻礙，由此可見一般了。

所以如果現在要建造一座兒童公園，我覺得裡面應該給孩子可以觸碰的設施及空間，不會擔心他們碰壞東西，讓他們擁有觸覺的呼喚與記憶，這是非常重要的一環。孩子們在童年的成長記憶裡，若是觸覺一直受到阻礙，沒有辦法延伸，那麼他的身體整個是在遺憾的狀態，長大後在觸覺感官上就會變得呆鈍，無法敏感起來。前面提過昆蟲有非常敏感的觸鬚，兩根細細的觸鬚裡就能讓它們感應到外面非常複雜的世界。我相信我們的手，還有孩子們的手，其實也就像觸鬚，是對應外在環境敏銳的雷達站。

在暢銷電影「E.T.」當中，我們見到外星人與人類經由手指跟手指的觸碰，消弭掉雙方的恐懼感與陌生感。導演史蒂芬・史匹柏懂得運用人類觸覺被壓抑的過程，去呼喚起對觸覺的渴望，原來我們的身體這麼渴望去跟另外一個身體接觸。

當然大家也知道，電影導演這方面的靈感其實取材於一幅經典畫作。五百年前，義大利文藝復興時期一位偉大的雕刻家及畫家米開朗基羅，他在羅馬聖彼得教堂內一間小小的希斯汀教堂的牆壁上，畫出神與第一個人類亞當的第一次接觸：他們的手指跟手指觸碰著。不管是繪畫裡的米開朗基羅，或電影裡的史蒂芬・史匹柏，他倆都在運用人類觸覺中被呼喚的感覺來做藝術的表現。

所以有一天你會發現，自己最深情感的表達方式，不一定是經由語言

（聽覺）與文字（視覺），也許會是觸覺，那好像更接近心靈的底處。也許是一個握手的動作，也許是一個溫馨的擁抱，這樣的觸覺接觸會比千言萬語更來得有效果。

我自己也發現，現在教育裡常常使用太多的語言，結果語言變成了說教，變成了對學生而言沉重的負擔，他們感覺麻木了，他們沒有感覺了。有的老師剛要開口，學生就說：「哎呀！老師你不要開口了，你一開口我就知道你要講什麼！」語言如果淪落到如此，當然是蠻悲慘的狀況。

高貴情操的可能性

我還在擔任教職的時候，有一回在系主任的辦公室裡，一個學生進來，二十歲粗粗壯壯的大男生，進來講不出一句話就開始大哭。我當然有一點被嚇到，心想他必定碰到了困境或什麼難為情尷尬的事情，哭到說不出話了。我讓他坐在椅子上哭一陣子，最後我拍拍他的背，他好像也就平復沒事了，到現在他都沒有告訴我當時到底發生了什麼事情。而我相

信人的手是有體溫的，這樣觸覺的接觸其實是讓他明瞭：旁邊有一個人可以支持他，也可以安慰他。

其實安慰的本身，本來就不需要知道內容。所要傳達的就是告訴對方，生命裡面再大的困難都會過去，你的旁邊一定會有人付出支持與安慰。我相信這是觸覺文化發展到最好的一個狀態，其實已經是情操的一部分。

現實生活中觸覺被誤用和濫用的情況並不少見，演變成身體上不當的行為跟騷擾。於是我們在擁擠的公車或捷運裡，開始對別人觸覺的接觸產生防範，甚至是恐懼或排斥。如果認為只有觸覺會做壞事，這是不對的一個評判；人們的眼睛也可以產生邪惡的目光，雖然他並沒有實際做奸犯科，但視覺也可以邪惡化的。

我覺得可以將觸覺提高，成為生命中高貴的情操，在別人生命中最困頓、最沮喪的時候，我們何妨走上前，拍拍對方的肩膀，輕輕摟一下，也許你甚至不一定認得對方。

我記得跟很多朋友提過自己最深刻的記憶，是在希臘的克里特島。我見到一位希臘婦人坐在那邊大哭，不知道發生了什麼事？我用英文、法文詢問她，她似乎也聽不懂。後來我走到她身旁，摟住她的肩膀拍一拍她。旁邊的人都有點震驚，想說我怎麼會這麼直接去做這樣的行動。而我是覺得，一個中年婦人會如此嚎啕大哭，生命必然真地痛苦萬分，這時我摟住她的肩膀，正是一個她可以懂得的肢體語言。如果我擔心那是一個騷擾的動作，就不會做出這個行為了。

我相信應該給自己的感官留一個高貴情操的可能性！這個世界上，已經有許多感官被濫用到使我們害怕的狀態；可是對美的沉思，對美的覺醒，就是使我們恢復所有感官的高貴性，使我們知道：人之所以能夠為人，就是因為我們能從動物進步到更高貴的心靈狀態。

觸覺

脫掉鞋子
脫掉襪子
赤腳走在沙灘上
你的腳掌
多久沒有感覺沙灘的柔軟
飽滿的水分使沙灘像海綿
每一次沉下去的腳印
是你自己身體的重量
每一粒沙在腳趾隙間
小小的摩擦
小小的稜角
你都感覺得到
你看不見那一粒細沙
但是你確定它在那裡
在腳趾隙間
你身體的觸覺如此確定
有一粒沙在那裡

也許有一天
你可以握著愛人的手
不說話
不張開眼睛
但是你確定那是你最愛的人
你是用全部的擁抱與依靠知道愛
愛不是語言
愛是擁抱與依靠
擁抱依靠都是觸覺

〈鳶尾花〉

身心中的五感平衡

美，是世界上最奇特的一種財富，
愈分享，就擁有愈多。
因為經由別人的驚叫，
你看到了滿天的繁星；
經由別人的一種陶醉，
你看到了夕陽；
經由別人的一種歡唱，
你看到了花的開放。

前面和大家提過，「美學」的字源來自德文 Esthetica 這個字，原意是「感覺學」，就是探討我們感覺的一個學問。我們身體有這麼多的感覺，我們可以看到東西、可以聽到東西、可以聞到氣味、可以摸觸到不同的東西，我們有各種各樣的感覺。

個人的感覺裡，會存在著「喜歡」和「不喜歡」。聞到花香時會忍不住一直想聞，覺得是好香的味道，那種嗅覺上的快樂讓你產生很大的渴望；可是有些氣味我相信大家聞到以後，感覺很不舒服想嘔吐，就用手掩著鼻子匆匆走過。感覺學所要探討的，就是為什麼有些氣味我們喜歡，有些氣味會不喜歡。

照道理講，感官本身是中性的，應該沒有所謂的好或不好、美或不美的問題；如果會有特別喜歡或不喜歡的部分，往往跟我們的心靈活動有關。

舉個很簡單的例子，在大自然當中有黎明也有黃昏。我知道很多朋友會特地在某一個季節跑到一個高山上，在一個觀日出最好的地方等待日出。就算天氣冷的不得了，可能包著棉被，穿著厚厚的衣服，半夜不能好好睡覺，可是依然在那邊等待著黎明。當曙光從山頂出現，太陽跳躍出來的時候，面對那種朝氣蓬勃日出的美，我們感覺到的興奮、快樂簡直難以形容。我們說日出是美。同時我想大家也有一個記憶，有時候在夏天的傍晚，大家趕到一條河流的出海口碼頭那兒，坐在那邊觀看落日。看到剎那與剎那之間，夕陽每一秒每一秒變化的美，我們覺得燦爛到極點，感覺到很大很大的震撼，所以夕陽也是美的。

大自然沒有美或醜

德國非常著名的美學家黑格爾，在他的著作《美學》這本書裡，提出他的論點。在他的客觀研究裡，大自然本身，包括黎明、黃昏在內，並沒有美醜的分別，黎明跟黃昏只是一種自然的現象。

我們感覺到黎明美或者黃昏美，黑格爾認為是我們在面對黎明、面對黃昏的時候，呼喚起自己生命的某一種感嘆。譬如在黎明裡，感覺到生命蒸蒸日上的一種朝氣，一種活潑，感覺到大地從黑夜到黎明重新產生出一種生命力，於是我們看到的好像是自己的生命，我們把自己對生命的渴望，投射在黎明的身上。

不知道這樣講大家有沒有覺得比較清楚些了？因為很多朋友也許並不習慣去分析自己的感覺，就像美景當前時，我們陶醉在裡面感受到那個美，可是這時我們不善於用理智去分析。

潑冷水的過程

譬如一對談戀愛的男女，這個女孩子很感性，看到黃昏覺得好美。她正陶醉的時候，如果身旁的男伴剛好是學理工的，也許會在旁邊很煞風景的說：

「美？美到底在那裡？你告訴我它美在那裡？」

如果妳是這個女孩子，我想你一方面不願意回答；另一方面，也會覺得自己所有美的感受好像忽然被潑了一盆冷水。所以美學的研究，有的時候是一種潑冷水的過程，因為美學有一點像很殘酷的分析。

就像我在大學裡教課時，正談著黑格爾、康德等美學的分析，可是一位學生卻凝視著教室外面一片春花燦爛，陶醉不已。這個時候的我矛盾極了！我不知道要不要警醒他，告訴他：「你在上課，你在上我的美學，你應該注意黑格爾對美的分析。」還是，我其實應該鼓勵他繼續陶醉在他的美裡，因為美跟美學是不一樣的。

比擬來講，如果「美」是一個美麗的女子人體，美學，則剛好是殘酷的解剖刀。

美學會把這個美麗的、讓我們陶醉感動的東西解剖到血淋淋，到最後你可能會覺得不美了……可是美學存在的意義，就是幫助我們用一個分析的角度，重新理解我們跟美的關係到底是什麼？否則一旦陶醉在其中，我們就沒有能力再去分析了。

希望朋友們在經由我苦口婆心對感官的分析之後，也能對自己的感官、自己的感覺、甚至自己的生命，有多一重的瞭解。好比我談過在面對夕陽的時候，看到每一分每一秒那種燦爛的變化，我們會覺得這是個夏季白天那艷麗的陽光，到最後時刻某一種不甘心，好像它要把生命裡最華麗的部分，在入夜之前，近於黑暗或者死亡之前，做最美的一次綻放。

那麼在看夕陽的時候，其實是在看待自己的生命。

我們知道自己的生命也可能很短暫，生命前面，也有死亡在等待著，可是我們也許渴望著在結局來到之前，能夠讓自己的生命像夕陽一樣華美的綻放一次！

所以這個時候我們看到夕陽的美，被夕陽深深感動的美，其實同時也是我們自己生命裡面、潛意識裡面，對自己生命的某一種期待和渴望吧！

我用了不小的篇幅在探討感官，不過我很希望大家能明白一件事情：非常奇怪的——美，是經由感官，可是它不鼓勵你停留在感官本身。

愈分享，擁有愈多

之前提到了黎明、黃昏，人們經由眼睛的視覺看到了黎明的曙光，也感受到夕陽色彩的燦爛。可是我們會發現，在美學的探討裡，它認為這種快樂不只是視覺上的一種快感。相反地，黎明的曙光、夕陽的燦爛，是回應到我們心靈的狀態，使之提升到更高的層次，這樣它才是一個永恆的美，它撞擊了我們的心靈，讓我們感受到前所未有的震撼。

所以很多人在燦爛的夕陽前面會熱淚盈眶，覺得好像要哭出來的感覺。

我們為什麼會為了一個夕陽哭泣？應該不會的啊。如果熱淚盈眶，那是因為心靈的最深最深處某一個部分，被觸碰到了。恆久以來人們對生命的期待、渴望，就在當下發生了。

美，真的是一個難以形容的字，因為我們不知道，為什麼「美」，會讓我們震撼到整個心靈狀態完全被充滿了？

被充滿的快樂

我看過好多的朋友偶然離開了城市、離開了光害，到了郊外或高山上，看到滿天的繁星，驚叫之後就淚如雨下——他們也不知道為什麼自己看到滿天的繁星會哭起來。這種大自然裡某一種美的景象，會讓自己忽然覺得，生命當中有一個部分在跟宇宙對話，一種從沒有過的、被充滿的感覺籠罩著自己。我刻意使用「充滿」這兩個字。其實我們的身體、我們的感官，很像一種容器，比如一個杯子、一個碗。當它空著的時候，是在非常寂寞跟孤獨的狀態；可是如果被充滿了，就產生一種飽滿起來的快樂，像要滿溢出來。

我覺得看到大自然的美景熱淚盈眶，其實是心靈裡面滿溢的狀態，但是這種即將滿出來、溢出來的狀態，我們很難去分析它、說得很明白。

也許就因為這樣，我們對於這樣的處境，這種心靈狀態，有時候感到不太習慣，甚至還會覺得害羞，認為這些都屬於青少年時期的浪漫，成人之後我們不該輕易動情，要保持理智，自己的情感哪能隨隨便便地流露出來。

儒家常說：「喜、怒、哀、樂之未發，謂之中。」人的情緒不論高興、不高興、憂傷、快樂都不要表現出來。孔子很喜歡「中」這個字，他覺得這是一種中道，一種中庸之道。

也許儒家這種說法可算是一個偉大的哲學，可是，我也想反問：如果一個生命，他喜怒哀樂從來不發，這個生命會變成什麼樣的狀態？

有時候碰到朋友，你不知道他快樂還是不快樂？他看到大片的花兒在開放、繁星布滿天空，你知道他也許激動了，可是他就是壓抑著自己的情感不表現出來，這般的生命情境，又是如何？或許儒家認為人類的情緒不要太過氾濫，所以比較節制，這是他們如此倡導的原因。可是我一直擔心，長期處於這種哲學與文化裡，刻意壓抑情感的結果，最後變成大家都不習慣表現情緒，於是，快樂不能夠跟別人分享，憂傷也不能夠跟別人一起分擔。

含蓄內斂

有些西方人朋友因為和我很熟悉，會直率地告訴我：

「怎麼你們東方人的臉，常常沒有表情？」

當然我聽到這話認為有點污辱我，就問：

「你是什麼意思？我們當然有哀傷，也有快樂。」

他們回答：

「不是說你們沒感情啦，只是覺得西方人比較直接，不論快樂、憂傷，都很容易表現在外。」

西方人對我們的感覺，我們稱做含蓄或內斂，這種情感的節制或收斂當然並沒有錯。我只是憂心，社會的這種禮教讓所有的情緒不知不覺完全被壓抑下來，於是在成人的世界裡，你感覺到一種恐怖：感覺不到情緒！感覺不到情感！

我有時候很希望在一個大人的世界裡，聽到他們忽然驚叫：「那個夕陽好美！」或者：「我看到海了！」就像坐在遊覽車上旅行，車子一轉彎過來，大片藍色的海洋不期然出現眼前，就忍不住地叫出聲來——可是有一種社會的階層到某一個階段，怎麼就不敢表現出情感了？這樣的壓抑、這樣的不敢表現，長期下來，我覺得最後會演變成一種生命的遺憾。什麼樣的遺憾？我一定要特別提出這一點來警醒大家：

美其實是一種分享。

美是世界上最奇特的一種財富，愈分享，就擁有愈多。

錢財，好像拿一些分給別人，自己原有的數目就減少了；美跟愛剛好相反，愈分享獲得愈多。想想看，當身處一個懂得將美與別人分享的環境裡，你會有多大的快樂：

因為經由別人的驚叫，你看到了滿天的繁星；

經由別人的一種陶醉，你看到了夕陽；

經由別人的一種歡唱，你看到了花的開放。

其實，美是可以被感染的。我一直覺得，也許在現實生活裡，我們忽略了「美」在整個教育當中的重要性，慢慢地，大家都不覺得美是這麼重要的一件事了，所以人們對美有所感受時，才會害羞。我用「害羞」這個詞來形容，是因為我相信美的種子還在我們的心裡，只是被人們的不習慣表現掩蓋住了。

找回詩般的美感

有一次，我與一些在教育界服務、年約四、五十歲的老師、校長們談美。我問他們說：「這一生當中寫過詩的、寫詩送給別人的、還有曾在日記裡偷偷寫過詩的朋友們，請舉起手來。」

我發現每一個人都舉手了。我再問：「你們什麼時候寫過詩？」

他們就笑起來了，說大概是在十五、六歲吧！有的是初戀時寫在日記中，但從未將詩寄給對方……似乎二十歲以後，大家再也不敢去碰詩，詩與成人的世界，好像一無關聯。但是大家還記得唐朝吧，在那個朝代，每一個人都在寫詩，都用詩來表現生命中的快樂與受傷。

也許，我們可以試著將這般美的情感，也重新找回來。

無目的才會快樂

提到唐朝，提到在那個時代，所有的語言、所有的文字，都變成了詩：國家考試也會考詩；官場上也以詩來對話，這是現在的我們很難想像的情景。甚至有一個故事：一位大官的轎子跟另外一個人的馬撞在一起，大官當然生氣啦，覺得對方怎麼搞的不守交通規則，撞上轎子來。正要好好理論時，騎馬的人說：「對不起！對不起！因為我正在想一句詩，想著想著有一點迷糊了，就撞上你的轎子。」

大官聽到居然興奮地說：「你在做什麼詩啊？」

對方說有一個句子一直不能夠決定，就是「僧推月下門」還是「僧敲月下門」。在騎馬的人所想像中，在一個安靜的月夜，有一位和尚正要推開一間廟宇的門——「僧推月下門」。

照理講，這位和尚回到自己的廟裡，因為沒有人替他開門，所以不應該是敲門，而是推門；可是「推」這個字的發音比較重些，「敲」的聲音比較輕巧，所以若是「僧敲月下門」，音韻上感覺和諧一些。騎馬的人琢磨著「推」「敲」二字，在馬背上一下子做敲門的手勢，一下子做推門的樣子，就是無法下決定應該是用哪一個字，這才迷糊地撞上官轎了。

相信很多人都知曉，這是唐朝著名的文學家韓愈與詩人賈島之間發生的趣事，也是「推敲」這個語詞的來源。我每次讀到這個故事都很有感

觸，我居住的城市也經常發生車禍，大概很難想像車禍發生以後，兩個人從車上下來要解決問題，結果竟然談起詩來。這個唐朝的故事讓我感覺到：生活裡面如果多了詩，會讓現實狀況比較緩和，會將很多的爭吵、對立、衝突，轉變成一個美好的過程。

今天當我們打開收音機、打開電視或者拿起電話來，立刻聽到聲音、聽到語言，這樣的語言，跟詩的差別到底是什麼？我們在現實生活當中，還有聽到美好聲音的可能性嗎？回到「僧推月下門」或「僧敲月下門」這樣的詩句，短短五個字，眼前呈現一幅畫面。當我們思索著這樣的畫面時，心靈不會急躁，也不會慌張、焦慮，卻是一派從容。

不耽溺於感官

美真正關心的，其實是心靈，而不是感官。

真正的美，不會耽溺在感官本身。也許大家不太容易瞭解這個結論，所以我必須做更多一點的解釋。德國有一位影響後世非常重要的美學家，就是康德。他對美，做了一個非常重要的定義，他說：

「美是一種無目的的快樂。」

「無目的」這三個字不是很容易理解；康德的意思是說，美裡面有一種快樂，可是它不是功能性的，也不是功利性的。譬如當我們很餓時要吃東西，要填飽肚子，他認為這個時候的味覺，就不會是美的味覺。可是如果我現在已經吃飽了，正要品嘗一道很美的料理、要品茶或品酒……注意哦，我用到「品」這個字。品這個字與味覺有關，可是比味覺的層次來得高一點，就是不以吃飽為目的。

康德認為，所有有目的性的事情裡都很難有美。

人與人的相處也是如此，他認為當你只是將一個人當成利用工具的時候，你很難去發現他的美；可是如果把對方視為一個獨立存在的生命，你從旁欣賞時，他就有美的可能性。康德提醒了我們，日常生活裡如果目的性太強，對所有事物都考量其目的時，我們就喪失了美的可能性，我們會說：「去看夕陽？看夕陽的美對我們現實生活有什麼幫助？我可以吃飽嗎？我可以賺到錢嗎？」如果這樣做考量，夕陽的美一定不會存在。

談到這裡，我想大家可以瞭解到，康德對於近代美學最大的影響，是他在理智的美學上，清楚地將「快感」跟「美感」區分開來。他告訴我們：所有的快感只是刺激你的官能、你的器官，可以稱為過癮，這種快感並不等於美感。

美感為什麼與快感不同？因為美感不停留在器官本身的刺激狀態，而是一種心靈的狀態。

官能刺激帶來空虛

我知道美學太抽象了，可以再舉一些比較具體的例子讓大家瞭解。譬如去吃麻辣火鍋，那一鍋裡有麻的刺激、有辣的刺激，對我們的感官來說很強烈。從康德的角度來說，享用麻辣火鍋無論吃得再快樂，還是停留在快感層次。可是如果聆聽著巴哈的「大提琴無伴奏協奏曲」，這首曲子沒有給予任何器官強烈的刺激，只是通過我們的聽覺這項感官來接收，最後這首樂曲卻讓我們得到心靈上的滿足。

我們被充滿的不是器官，而是心靈狀態。

好比你參加一場音樂會，觀賞一場舞蹈表演，你覺得你的心靈被充滿了，這種狀態是麻辣火鍋這種刺激感官的物品所達不到的。大家可以注意一下，無論吃下再好的食物，無論在幾種感官上怎麼去刺激，譬如說皮膚上觸覺的刺激，我們其實不太容易有那種熱淚盈眶的感覺。

熱淚盈眶，並不是哭，特別注意一下，我們講的熱淚盈眶，是有一種喜悅的飽滿在裡面。

你們經驗過這般的感覺嗎？

有時候你忍不住喜極而泣，就是生命裡面感覺到最溫暖最美好事物的時候，你會忍不住想要哭，但這跟平常悲哀的哭，完全不同。就像讀到一首好詩、聽到一曲好音樂時，我們會流下滿足的淚水，我們整個的心靈被充滿了，此時，才是美感。

所以近代美學領域當中，首先需要釐清的，可能就是「快感不同於美感」。這兩者區分開來後，我們才會發現，美感是一個更高的精神層次的活動，快感則停留於身體表面的刺激。

我們也可以看到，譬如視覺很容易得到強烈的刺激，可是心靈並沒有因此得到滿足，也就不等於美感。觸覺也是如此。在現實社會裡，我們會發現人類經由觸覺——譬如性，性是非常觸覺的——這個部分得來的刺激其實很強烈，近於一種快感，也近於一種發洩，可是最後並不見得能夠得到心靈的滿足。甚至有人認為，這種過度的、官能上的刺激，往往在事後變成非常空虛的狀態。

對於人身器官所發生出來官能上的快樂，我們絕對瞭解，也並不認為是不好的部分；官能不是一定要被壓抑、節制，或者需遵守很多高難度的戒律，如此並非美的一種正常發展。

相反地，我們希望一個孩子從童年到青少年，在最敏感的年齡時刻，應該給予很多很多身體感官上的引導。

譬如帶他們去爬山；讓他們傾聽風的聲音；讓他們傾聽流水的聲音；讓他們的聽覺裡有豐富的記憶。讓他們的視覺去看黎明、去看黃昏、去感覺色彩上的華麗……當孩童們的心靈整個被充滿以後，有一天他不會滿足於自己的器官及官能發展流於低等。

這裡所謂的低等，並不純然是貶抑。

引導青少年正常發展

動物的官能基本上具有目的性的。譬如口腹之欲，味覺就是為了吃飽；

觸覺就是為了性，嗅覺也常常是為了性。在動物的世界裡，當雌性動物分泌一些氣味的時候，雄性動物就會產生生殖的慾望。動物是被官能操控著的，可是人類不是！

人被稱為靈長類，「靈」就是心靈的狀態。

人類被歸類為高等動物，雖然動物的部分還是存在，但不只是停留在「動物」的部分。如果我們永遠滿足於動物低等的、官能的刺激，人類就沒有文明可言，也沒有美可言。希望這些對於官能的探討，能夠引起大家更多的注意，特別要思考到孩子和青少年。如果沒有用美滿足他們，他們就會開始追求短暫的、官能上的快感，不是性，就是毒品。因為這兩者可以快速地讓身體發生複雜的變化，他們以為這樣就是快樂。

我們注意一下，康德認為「快感並不等於美感」的原因是說，快感一旦被不斷地刺激、重複地刺激以後，就成為了「癮」。「癮」是戒除不掉的，於是不容易升高成為心靈的狀態，因為官能操控到人——我們不再是器官的主人，我們被器官操控了。

我想如果一位老師跟正在發育的學生們比較談得來的話，學生會敘說他在性上的苦悶有多嚴重……。

我們完全瞭解那種壓抑不住的痛苦，因為那是生理狀態。這時候可以幫助他們的，也許是音樂、也許是繪畫；或者帶他去爬山、去經驗他自己身體上的很多可能。譬如一個孩子願意去跳街舞，他在這種舞蹈中發現他自己身體的高難度動作，那很好呀！一個玩滑板的孩子，可以在當中找到挑戰的快樂，他的心靈狀態就是滿足的。

無法自拔

我在這裡所談的，還是一個層次上的問題，不要讓孩子們一再地耽溺於官能跟器官上唯一的刺激，因為當這唯一的刺激一再重複、一再重複，會變成無以自拔。無以自拔的狀態，絕對不是一個美感的狀態。人變成了感官的奴隸，每天被這個感官驅使著，自己哪會快樂？

想要拒絕、想要逃避、想要自拔，可是「拔」不出來了。

這種狀態其實是生命的一個困境，也是自古以來所有人類的文明都試圖解決的部分。因為我們一再強調過，人之所以為人，不應該只停留在低等動物的狀態。

說起來也真是兩難：我們一方面不希望社會太過壓抑感官，應該讓年輕人去接觸、發展他們的感官文化；可是同時，我們也希望他們不是耽溺在感官上尋求過癮的不斷刺激。所以可能這一邊是清教徒似的戒律，嚴格的壓抑；另外一邊看到的是感官的氾濫——這兩種都不是美。

那麼，美到底是什麼？

美，有一點像一個走鋼索的人，兩邊都是陷阱，他必須保持在鋼索上的一種平衡。

我用到一個字——平衡——我覺得美是一種平衡。

美是感性跟理性的平衡，美是自己在快感的官能刺激、及美感經驗的心靈狀態裡的平衡。

這種說法常常會被誤會，因為好像談到了心靈，大家就覺得是和感官對立著；事實上剛好相反，我覺得美好的心靈狀態，其實開始於感官。如果你沒有視覺上豐富的經驗，沒有聽覺上美好的經驗，沒有觸覺上摸過青草、踏過柔軟海灘的美好記憶，我相信你也不會有心靈的豐富狀態。

展放你的心靈

感官真的是一個重要的開始，而且應該從很年輕時候，就開始培養豐富的感官——可是最後，不要只止於感官，要讓自己的生命從感官提升到更高更大的心靈狀態。我們一再強調，那種心靈狀態就是美，也是愛。美與愛，可以跟很多很多人分享，而且愈分享愈多，愈分享愈多……。

「快樂的時候要跟別人一起分享，憂傷的時候要跟別人一起分擔。」

這是我經常掛在嘴邊的兩句話。

如果生命這個個體，隱藏了自己的情緒，追求著感官的刺激時，他將又痛苦又寂寞，遲早會讓自己走到絕望之路。

所以，美應該是一個心靈的打開，美是一種心靈的展放。

你可以毫無羞怯地跟別人分享你的笑容，毫無羞怯地跟別人分擔你的淚水，這才是美真正的原始意義。

美：無所不在

我想要扮演的，
就是那個「野人」的角色，
我想告訴大家：
「你知道房子外面的陽光有多麼美好嗎？
你有多久沒有去感覺那陽光的溫暖了！」

和大家談到了美，談到所有的感官，我特別希望再跟大家分享一句話。

在中國，哲學家莊子對於美以及美的哲學，都有非常深厚的影響力。莊子哲學裡有一句話，一直被我當成格言抄錄下來，送給很多的朋友。他說：「天地有大美而不言。」

這句話的意思是說，他覺得宇宙、大自然、還有人世間，到處都是美。所謂「不言」，就是不說話，天地其實是沉默的。

美是一本更大的書

我之前使用這麼多的文字來解釋美，是不是一個最好的方式呢？我希望在書末時讓大家瞭解，有一天，也許大家應該忘掉所有在這本書裡向大家分析的美，而真正走向「天地有大美而不言」的世界。

——就是那個沉默的宇宙、沉默的大自然。你走到夜晚裡看到的滿天繁星、你走到春天裡看到的遍地花開、你在冬天看到白雪的紛飛，你在秋天看到滿山紅葉的燦爛。

美無所不在。

所有的美都在告訴我們，生命如此自然地綻放他們自己生存的一個狀態。莊子這句話也提醒到我們：也許我們還在學校裡讀書、也許我們已有了自己的專業，可是不要忘記，美是一本更大的書！這本書，不在學校裡，不在辦公桌上，其實是在大自然裡。如果能夠懂得去欣賞大自然的美，對我們而言，將是種層次更高的心靈教育。

古代所有對人類文明有過重大影響力的人，都非常擅長用大自然來從事教育的工作。大家都知道孔子一生諄諄教誨學生，說過了許多許多的道理。可是有一天，他忽然領悟到語言也許不一定是必要的，他在《論語・陽貨第十七》跟學生說：

天何言哉？四時行焉，百物生焉，天何言哉！

天說過什麼話嗎？宇宙跟自然到底說過什麼呢？什麼也沒有說過啊，可是春夏秋冬四季規則地運行著，萬物各依不同的季節蓬勃茂盛地成長著，天說過什麼話嗎？我想這是一生從事教育工作的哲學家，最後很大的感嘆吧！

這個感嘆是說，我講了這麼多話有什麼用？如果人不能回到大自然裡，去領悟大自然生命的一個真諦，說再多話其實是沒有用的。

所以，有時候在教育的環境當中，不得已要使用語言、文字傳達理念；可是心裡也知道，也許大膽地把一個孩子、一個成長的青少年帶到大自然面前，讓他去看看大海的藍色，讓他脫掉了鞋子、襪子去踩踏沙灘；讓他可以去感覺到花的開放；讓他站在一棵樹底下靜靜聽著樹梢上畫眉鳥的叫聲；會不會是更好的教育？因為我們始終相信莊子說的「天地有大美而不言」，是因為他覺得走向自然的時候，美的領悟無所不在。

欣賞存在事物的特色

在大自然當中，我們很少會說什麼是美，什麼是不美。舉一個很簡單的例子，在人的世界裡常常有相對性的比較，如果說這個是美，那個就是醜；如果說這個人很漂亮，旁邊另外一個人可能對比起來就是不漂亮了。

莊子不希望用人間的對比之美來談自然，他認為大自然當中無所不美，就是「天地有大美」的這個「大」，表示無所不美。例如大家都覺得花很美。花的種類如此多樣，顏色、香味、造型各各不同，我們會覺得哪一種花很醜嗎？好像很難特別指稱哪一種花很醜很醜，然後你恨它恨的要命……。

大概不會這樣吧！花朵的形狀、顏色及氣味，都跟它自己的生存狀態有關，我們欣賞花時，就是欣賞它自己有特色的那個部分。可是很奇怪，大家有沒有發現，當我們面對「人」的時候，我們會很喜歡一個人，可是也會很討厭一個人；我們會很愛一個人，也會很恨一個人。每當有朋友告訴我哪一個人多討厭、多可恨的時候，我會問他：「你會很恨一朵花嗎？你可不可以告訴我，你恨哪一種花？」朋友往往想不起來。

因為花跟人，沒有那麼直接的利害關係，就能夠超越愛與恨。

莊子講的「天地有大美而不言」，也有這層意思：其實真正的美，最後可以超越所有的愛恨，而在更高的層次上，保留著對世間所有存在事物的欣賞。

如果對我有用的，我才去愛；對我無用的，我就去恨；恐怕就還沒有真正達到美的境界了。

來到美的現場

借用莊子「天地有大美而不言」這句話來做為談美的總結，我想是十分適當的。或許《莊子》這一部兩千多年前的哲學著作，對今天許多朋友而言，會覺得文字有一點艱澀，不過在我的閱讀經驗裡，很少有書能像《莊子》一樣，表達美的經驗如此純粹。莊子這位哲學家，的確是一個可以感覺到美的人，也感覺得到：美有能力拯救真正的心靈。我常常覺得讀《莊子》時有一種快樂，因為他不像西方的康德、黑格爾等人，是用分析的方法去解剖美，而是把我直接帶到美的現場。

翻開《莊子》，第一章是〈逍遙遊〉。他敘述了一個神話，說北方以前有一個大水池叫北冥，裡面有一條很大很大的魚，就是原文「北冥有魚」。有一天這條魚突發奇想，好想變成鳥飛起來，於是魚就變成了大鵬鳥，連飛了六個月都沒有落地。

我們會覺得現實生活中不可能發生這種狀況，完全是一個神話故事。你還記得自己童年的時候，是多麼愛讀神話、多麼愛讀傳說嗎？因為在兒童的心靈世界裡，沒有真或假、對或錯，沒有相對性的問題，所以魚可以變成鳥。

心靈無比自由

莊子覺得自己在敘述一個美好的世界，心靈在這個世界無比自由。他覺得當人心靈自由的時候，就可以是魚，也可以是鳥。

大家不知道可不可以理解這番解釋？很多人都說讀不懂《莊子》，怎麼會那麼神奇，魚一下子變成了鳥？現實的世界裡，這樣的事是不可能，可是在童話的世界，魚本來就可以變成鳥。我記得小時候做過的夢裡，我常常變成魚，也會變成鳥，可以轉換成這麼多不同的狀態，那種心靈的自由是非常快樂的。

莊子基本上認為，美是一種心靈自由的狀態，我們在心靈絕對自由的時候，自己可以轉化自己，不會被束縛，可以從很多被限制的環境裡面超越出來，而達到一個純粹的心靈自由狀態——這是「天地有大美而不言」的一個定義，也是莊子真正想表達的部分。

我覺得莊子實在很有趣，他帶我們到美的現場，去看一條魚忽然變成了飛鳥。這隻鳥塊頭大，生命力很強，所以一飛就是六個月；然後莊子描寫當大鳥飛過去時，地下田地裡有兩隻小小的麻雀跳來跳去，它倆抬頭看到這麼大的一隻鳥，飛了那麼久，就說：「好奇怪！為什麼要在天上飛六個月，我們這樣子跳來跳去，不是也很快樂嗎？」

很多人讀〈消遙遊〉到這裡時，都會有一個誤解，覺得莊子希望我們變成大鵬鳥去逍遙，而諷刺這兩隻小麻雀在地底下不能夠逍遙。

我想如果多讀幾遍《莊子》，會發現他的哲學裡，其實沒有諷刺存在。

莊子覺得大鵬鳥有大鵬鳥的大，小麻雀有小麻雀的小，其實大跟小，是兩種存在的狀態，並沒有美醜、好壞、以及真假的問題。他覺得人之所以會不快樂，是因為那個大的忽然不想做大的，想要做小；那個小的忽然覺得：我為什麼不能變大的？痛苦由此產生，因為人不想、也不能做自己了。莊子於是在《逍遙遊》的最後講了一句話：「各適其志」。

每個人完成自我，才是心靈的自由狀態；每一個人按照自己想要的樣子完成自己，那就是美，完全不必有相對性。

我略總結「天地有大美而不言」的意思，是說天地之下可以無所不美，因為每個人都發現了自己存在的特殊性。人的存在就跟花的存在是一樣的，我們自己擁有別人不可取代的特性。如果我們去做比較，就會有美也有醜，也就會有痛苦；若是不去比較，而讓自己的生命在一個完整的、完成的狀態，那就是一個絕對的美，那就是一種獨特性。

由此可見莊子「天地有大美而不言」這句話，對大家心靈上的啟發有多麼重要，他告訴我們：我們所有的不快樂，都來自於比較。

西施與東施

我們知道中國有一位著名的美女姓施，住在西村，大家叫她西施。

西施除了人長得漂亮之外，還有一種很特別、甚至說來有點奇怪的美，就是俗話所說的「西子捧心」。據說她有時候會心痛，她就用手摀著她的心。不過現代有人考證，認為她得的不應該是心臟病，也許是胃病；西施因為胃痛，手放在胸部上方，看來似乎捧住她的胸部。西施還會做出一個動作——顰——這個字是眉頭皺起來的意思。西施因為身體不舒服，有些難過，所以皺起了眉頭。

西施明明是身體不舒服，可是大家都覺得她最美的時候，就是胃痛發作、捧心皺眉、有一點憂鬱表情的時刻。她的顰，讓越國國王句踐覺得美，吳國國王夫差覺得美，最後甚至讓夫差亡國了。

這個故事其實還有另外一位美女存在。她也姓施，住在東村，所以被稱為東施。東施也是美女，因為她和西施一起被挑選拔出來，送到吳國去。但是東施的心理一直不平衡，覺得別人只發現西施的美，沒有注意到自己，她就以為西施一定是比自己來得漂亮，便想模仿西施。既然大家都說西施捧心皺眉頭很漂亮，東施於是也捧心皺眉頭走來走去，想讓大家都看到。成語裡所謂「東施效顰」，說的就是這件事。

「東施效顰」是一個負面的成語，人放棄了自己的長處，去學別人的長處，結果適得其反。顰在西施身上這麼美，因為她是自然的；顰在東施身上這麼不美，因為她是模仿。其實東施本身是很美的，可是她放棄了自己的美，而去學別人的美，便失去了自己美的可能性。

美，在人的身上，其實是一個自我完成的過程。我想就從這樣一個故事，帶給大家一點啟發吧。

大自然當中，從來不會有一朵花去模仿另外一朵花；每一朵花對自己存在的狀態都非常有自信。牡丹，一向顯得富貴、華麗。唐朝人極愛牡丹

花，摘下來戴在頭上做裝飾、宮廷裡種滿了牡丹、畫家都在畫牡丹；李白在《清平調三首》中的著名詩句：「一枝紅艷露凝香」，也是在歌誦牡丹。

可是到了宋朝，雖然大家仍覺得牡丹的富貴華麗是一種美，可是他們卻更愛另外一種花之美，就是在冬天冰雪紛飛裡疏疏落落開著的梅花，極淡極雅到幾乎不容易被發現。

牡丹的美與梅花的美，其實是不可替代的，如果硬要我分出高下，我也沒有辦法下出結論。我們會發現，所有對美的誤解，都在於硬要做比較——很奇怪！人的世界中，我們就常常在做比較。

美感經驗無窮無限

我們說這個人比較美，那個人比較不美……我們會發現正在做比較的時候，自己的心靈受到了限制，反而沒有真正開闊的心靈，去欣賞不同的生命存在的一個狀態。

仔細查索過去歷史中，人類所創造出來的美感經驗，你會發現：美的可能性無窮無限。

像唐朝人喜歡牡丹花——富貴、燦爛、艷麗、奪目；宋朝人愛梅花——淡雅、含蓄、幽遠；呈現出的是兩種完全不同的美。唐朝人也覺得女性豐滿才是美，因為他們強調健康，強調一種肥厚的生命力。白居易在《長恨歌》裡描繪楊貴妃「溫泉水滑洗凝脂」，「凝脂」這兩個字，大家都可以感覺得到，就是脂肪。可是到宋朝的時候，他們覺得女性應該纖細飄逸，要美在弱不禁風。

美，既然曾經在現實世界裡存在著這麼多樣的面向，所以當我們用一種開放的心胸來看待的時候，會發現真如莊子所說：「天地有大美而不言。」只是當下現世所強調的美往往短暫，就像流行，很快會消逝。

如果站在美學的制高點上去看美，就的確像莊子說的「天地有大美」，就是無所不美：雄壯可以是美、纖弱可以是美；大家認為健康一定是美，可是也有人喜歡病態美，像西施捧心，就是一種病態美。

在美的領域當中，其實存在著各種不同的狀態。通過對美的學習，我覺得是一個生命的擴大，使我們從習慣於比較美、選擇美，到最後學會欣賞美。

每一個生命都是一朵花

一旦擁有了欣賞美的心境時，你會發現，這世界可以無所不美。

我們前面談過，基本上大家不喜歡苦的味覺，而喜歡甜的味覺。很多人都愛吃糖，sweet這個字，也一直有幸福、溫暖的代表意義。雖然大家覺得苦是不好的，可是成語中「良藥苦口」的「苦」字，也提醒了我們：苦是一個重要的味覺存在。

我也舉例說過，小孩子都喜歡吃糖，厭惡苦瓜。可是人們在經歷過人生很複雜的變化以後，有時會開始喜歡吃苦瓜；我就從沒想到小時候像苦瓜這麼不喜歡吃的食物，現在卻變成我最愛吃的蔬菜。是不是苦瓜裡面

的滋味，變成與人生的回憶習習有關？

這也提醒了我們，美是一個發現的過程，在不同的年齡會發現不同的美。

年輕的時候，你可能希望自己像牡丹、美得燦爛華麗。也許到中年以後，你會知曉連一根小草都有小草的美，它那卑微謙遜的存在，也是一種美。這兩者的美完全不一樣，完全沒有辦法做比較。

看到一棵高高的松樹那種挺拔的美，我們會心生羨慕，覺得松樹讓自己感覺到生命飛揚的美和快樂，我們會希望自己像一棵大松樹一樣。可是連攀垂在松樹上的藤蔓，也會被詩人歌誦，李白在《古意》一詩中寫到：「百丈托遠松，纏綿成一家」，就是歌誦藤那種攀附成長的美態。

藝術家就是如此，他們不斷發現新的美，不會讓美侷限於一個固定的狀態。

用藝術做轉移

將美侷限於固定狀態裡的人是辛苦的。有一位朋友，每天下班回來就告訴我：「某某同事有多討厭多討厭……好討厭好討厭……」我常問他：「你一直在講同事裡面哪些人你不喜歡不喜歡，可是你每天八小時要跟他在一起，不是很辛苦嗎？」最後我就建議他說：

「你今天不要再說這些話了，我已經聽了不下一百次。要不然我給你一張紙、一支筆，他到底長得什麼樣子，你畫給我看吧！」

其實我們會發現，藝術是一個轉移，當我的朋友在畫他討厭的同事時，沒有摻進愛恨，他必須重新回想他的眉毛、眼睛、五官到底組合成什麼樣子，這個時候他在進行的，是屬於客觀的觀察。我發現這樣的過程之後，我的朋友開始覺得對方有一些之前沒有看到的部分，於是從很主觀的憎恨排斥，變成觀察，甚至變成欣賞。

這種過渡的歷程也許並不是很容易，可是我想：有一天若我們能感覺到周遭的人如同百花盛放，他們每一個生命都是一朵花。如果能夠懷著這種欣賞的心情，也就更接近了美。

真正的平等

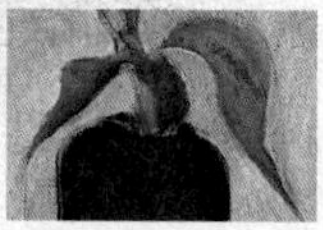

懷抱著一個欣賞生命的態度去看人生，和懷抱著一個處處去比較、處處去計較的心情去看人生，也許會得到非常不同的結論吧！如果我們總是在比較，如果我們總是在計較，也許會非常的辛苦，因為揹負了很多的分別心，每天忙著分別是非、分別美醜，壓力可真大呀！

可是，如果能夠從這樣一個相對的世界裡，把自己打開來，用寬闊的心胸去欣賞這個世界，那麼整體看待人事物的角度，都會有不同的改變。

莊子所說「天地有大美而不言」提醒我們的，剛好就是一個欣賞的角度。

我舉一個例子。很多朋友告訴我，他們從十歲左右開始讀《紅樓夢》，到今天五、六十歲，已經反覆讀過二、三十次了，但還是依然在讀這本書。朋友們覺得《紅樓夢》是一本讀不完的書，就是讓人一讀再讀，放不下手。

有時候我也在想：「奇怪，為什麼會有一本書這麼好看！」

如果只想要知道《紅樓夢》的故事、情節，當然讀一遍就知道了，反正最後賈寶玉娶了薛寶釵，林黛玉痛苦地焚稿斷癡情死去，就這麼一回事嘛！但有趣的是，我自己也一直在讀《紅樓夢》，二、三十次了，然後發現每一次都像是第一次一樣新鮮。

《紅樓夢》裡面上上下下三百多人，我發現剛開始讀的時候，只注意到賈寶玉、薛寶釵、林黛玉這些主角。第二次讀，感覺探春好可愛，這麼有個性的女孩子；史湘雲，豪邁爽朗，像男子作風。第三次再讀，又發現到丫頭裡面的襲人好懂事，會擔待事情；晴雯則又剛烈又熱情。一次又一次，每回都有新的發現。

再一次讀到劉姥姥進大觀園，這位鄉下的窮老太太，沒有見過世面，進到大觀園後，像個小丑一樣，可是你又覺得她的生命在卑微當中有這麼可愛的成分。

而所有大觀園裡面的貴族，從來沒有這麼快樂過！這個富豪之家已經傳到第四代了，家中所有講究的、美的物件，在他們自己看來都是理所當然。可是劉姥姥是個鄉下來的窮老太婆，她發現每一個東西都這麼美，都用自己的方式贊嘆著。

由此我們發現，如果沒有採用欣賞的角度看生活，也許就不知道自己是生活在美當中。也就是說，可能我們很容易因為習慣之後，變成「人在福中不知福」。

閱讀《紅樓夢》時，我們不斷地發現：原來不同人的眼睛所看到的東西，也是這麼的不同。這也提醒了我們；生命如果採用欣賞的角度，是可以看到不同的人之存在意義與價值的。我還在讀《紅樓夢》，我相信下一次閱讀的體會，跟這一次又會不同了。

這本書提醒我的另一個地方是，作者曹雪芹在《紅樓夢》中安排了三百多個人物，他對每一個人物都是中立的，沒有討厭或喜歡任何一個人，所以能夠認真地客觀地描述每一個人物的存在，這也是《紅樓夢》這本書可以一讀再讀的原因之一。

如果今天我在現實生活裡，不論接觸到家人、朋友、同事、甚至坐捷運時碰到不相干的人，我都在判斷：這個人我喜歡、那個人我不喜歡……那麼我寫出來的小說一定是「有限」的小說，可能大家讀一次就不想再拿起來了。可是如果我每一天坐捷運，我在想同車廂的這個人如果要被放在我的小說裡，我就會觀察他，欣賞他，然後才會發現他與眾不同的存在意義。

注意！每一個人的生命都是與眾不同的。

我一再強調莊子提醒的「天地有大美而不言」，是因為每一個生命都是與眾不同的。我們若是不斷地製造排行榜、在做比較，就總會覺得這一個生命不如另外一個生命——可是美學的領域是一個真正的平等；在美學的領域當中，沒有比較可言。

國王與乞丐

古代有一個國王非常富裕。他坐在富麗堂皇的王宮裡顧盼四方，心想自己擁有權力，擁有財富，一切大家羨慕、想要保有的東西，自己都已獲得了。這位驕傲自大的國王覺得在人世間已沒有遺憾，也不缺任何事物。

可是有一天，衛兵來向他報告，說城門口那個老乞丐想獻一個寶貝給他。國王大吃一驚，他想自己已經擁有這麼多的財富了，還會缺什麼嗎？怎麼一個窮老叫化子，還會有寶貝可以獻給我？

老乞丐被宣召進宮了，這個一身破破爛爛、髒髒臭臭的老乞丐，走到有威嚴、有權力、有財富的國王面前，很自信地跟他說：

「啟稟國王，今天城門口的那個陽光，曬在身上好舒服啊！我就是來獻

這個陽光的，您也趕緊來曬一曬吧！」

這是成語「野人獻曝」的故事。野人，就是沒有受過很好的教育、沒有財富、沒有權力的人；曝，就是陽光；一個沒有文明的人，想將陽光奉獻給國王。所以，美是多麼的平等！

「野人獻曝」這個故事保留在成語裡，如果我們在人生裡，能夠多欣賞別人存在的價值跟意義，其實就是懂得「野人獻曝」這個故事了。

我經常在廣播、演說等各種場合跟大家談美，覺得自己想要扮演的，也就是那個「野人」的角色，我想告訴大家：

「你知道房子外面的陽光有多麼美好嗎？你有多久沒有去感覺那陽光的溫暖了！」

國家圖書館預行編目資料

美的覺醒：蔣勳和你談眼、耳、鼻、舌、身／
蔣勳著，--初版，--臺北市；遠流，--2006〔民 95〕
面； 公分，--（綠蠹魚叢書；YLG56）
ISBN 978-957-32-5926-8（平裝）
1.美學
180　　95021711

綠蠹魚叢書 YLG56
美的覺醒
蔣勳和你談眼、耳、鼻、舌、身

作者：蔣勳
畫作提供：蔣勳
攝影：楊雅棠
文稿整理：楊豫馨
策劃：綠蠹魚編選小組
副總編輯：林皎宏
主編：楊豫馨
美術設計：雅堂設計工作室

發行人：王榮文
出版發行：遠流出版事業股份有限公司
地址：台北市 100 南昌路二段 81 號 6 樓
電話：（02）2392-6899　傳真：（02）2392-6658
郵撥：0189456-1

香港發行：遠流（香港）出版公司
地址：香港北角英皇道 310 號雲華大廈四樓 505 室
電話：（852）2508-9048
傳真：（852）2503-3258
香港售價：港幣 116 元

著作權顧問：蕭雄淋律師
法律顧問：王秀哲律師・董安丹律師
2006 年12月1日 初版一刷
行政院新聞局局版臺業字第 1295 號
售價◎新台幣 350 元（缺頁或破損的書，請寄回更換）

ISBN 957-32-5926-5
ISBN 978-957-32-5926-8
遠流博識網 http: // www.ylib.com
E-mail: ylib@ylib.com